인지과학 실험실

심리학, 철학,
신경과학으로 보는
마음의 과학

인지과학 실험실

❷ DUCK

❶ RABBIT

김효은 지음

Cognitive Science Lab

머리말

마음은 코끼리

마음이 무엇인지 연구하는 것은 마치 "눈 가리고 코끼리 만지기"와 같다. 코끼리의 형태를 모르는 채 코끼리를 만져본 이들은 자기가 만져본 부위가 코끼리 전체라고 착각할 수 있다. 인간의 식견에는 한계가 있어서 자기가 아는 대로만 사물을 판단하는 것이다. 하지만 이를 거꾸로 생각해보면, 마음이라는 거대하고 복잡한 대상을 조금이라도 더 잘 이해하는 방법을 알 수 있다. 눈 가린 이들을 여럿 모아 각자가 만져본 부분을 서로 알려주어 부족하나마 함께 그림을 완성하는 것이다.

코끼리와 마찬가지로 '마음'도 여러 분야, 여러 차원의 설명이 서로 도와야만 가까스로 조금 이해할 수 있는, 복잡다단한 차원이 그물망처럼 연결된 총체다. 그런데 부분들을 어떻게 연결해야 실제 코끼리와 최소한 유사하기라도 한 그림을 만들 수 있을까? 제대로 연결하지 않으면 엉뚱한 그림이 그려질 것이다. 그러므로 마음을 이해하려는 분야들이 그저 모이기만 해서는 안 되고, 어떻게 연결하느냐가 중요하다. 제대로 연결하려면 무엇이 필요할까? 각자가 만져본 부분이 다른 이가 만져본 부분과 어떤 관계를 맺는지 알아야 한다. 코끼리의 다리를 만져본 이는 저 멀리 귀를 만져본 이와 대화함으로써 적어도 다리와 귀가 연결되지 않는다는 것 정도는 알아야 한다. 그래야 코끼리 그림을 제대로 그릴 수 있다.

인지과학이 하는 작업이 바로 이것이다. 여러 분야의 상호관계를 파악해서 마음에 관한 전체 그림을 완성하려는 것이다. 눈을 가린 채 코끼리의 각각 다른 부분을 만지는 이들은 마음에 접근하기 위해 다른 도구들을 사용하는 여러 분야에 비유할 수 있다. 코끼리의 각 부분이 다양한 방식으로 연결되어 있듯, 인지과학의 분야도 인지심리학, 인지종교학, 인지철학, 인지신경과학 등 다양하다.

어떻게 이러한 상호교차적인 연결 작업이 이루어질까? 마음에 관한 최근 연구를 통해 대략의 그림을 그려보자면, 신경과학자, 철학자, 심리학자 등이 같은 주제에 대해 다양한 방법론을 공유하고 학술 저널이라는 장(場)에서 함께 토론하여 발전시키는 '학제간 연구'가 인지과학 연구 방법의 핵심이다.

경험과학적 분석과 개념 분석의 융합

마음과 관련해 경험과학과 인문학의 교차 연구가 가능한 것은 마음에 대한 통합 학문으로 불리는 '인지과학'을 구성하는 여러 분야가 적극적으로 협동하기 때문이다. 자연과학 내의 학제 간 연구나 인문사회과학 내의 분야 간 협동연구도 그렇지만, 특히 자연과학과 인문과학의 학제 간 연구는 새로운 관점의 틀을 만들어낸다. 각자가 기존에 사용하던 연구 방법의 성격이 완전히 다르기 때문이다.

현대의 경험과학은 실제 실험을 통해 경험적인 분석 작업을 한다. 반면, 철학을 위시한 인문학은 주로 머릿속으로 실험(사고실험)을 하고 그것이 논리적으로 타당한지 따져보는 작업을 한다. 머릿속으로 하나의 대상을 분석하는 작업은 서양철학, 특히 분석철학의 고유한 방법으로 '개념적 분석(conceptual analysis)'이라 불리는데, 한 개념이 다른 개념과 어떻게 구분되는지, 상위 개념, 하위 개념, 유사한 듯 보이지만 실제로는 다른 개념 들과 어떤 관계에 있는지를 분석함으로써 연구 대상이나 주제가 어떤 것인지 명료하게 밝히는 작업이다.

예를 들어 '사랑'이라는 주제에 대해 경험과학은 사랑을 하는 사람의 뇌를 들여다보거나 사랑을 할 때 변하는 호르몬 작용, 심장 박동을 관찰한다. 심리학은 사랑에 빠진 사람의 행동을 관찰하거나 실험해 반응을 살펴보고 패턴을 발견해낸다. 반면, 인문학의 한 분야인 철학은 '사랑'이 유사 개념인 '좋아함'과 모순 개념인 '미움'과는 어떻게 다르게 정의되는지, 그것이 실현될 때 어떤 모습을 보이는지 분석해서 그 본성을 밝힌다. 이처럼 완전히 다른 방법론과 개념을 사용하는 두 분야는 어떻게 함께 일할 수 있을까?

학제 간 연구 방법은 발산적 방식과 수렴적 방식으로 나뉜다. 발산적 방식은 각기 다른 영역의 연구자가 모여 역할을 분담해 연구하고 그 결과를 병렬적으로 모으는 방법이다. 여러 가지 일을 한꺼번에 해야 하는 복잡한 공동 작업에는 이 발산적 방식이 적당하다. 이 방법은 '학제 간(interdisciplinary)'보다는 '다학문(multi-disciplinary)'적 방법이라고 부르는 것이 더 어울릴 수 있다.

수렴적 방식은 여러 분야의 연구자들이 다른 분야의 연구 및 방법론을 어느 정도 이해한 다음 방법론과 내용을 서로 공유하며 함께 문제를 해결하는 방법이다. 이 과정에서 각자의 분야에서 쓰이던 개념들이 상호 조정되고 다른 분야의 연구 결과를 참고해 개별 분야의 연구가 새로운 국면으로 진행되는 부수적 효과가 있다. 이 책에서 다루는 내용 또한 수렴적 방식의 학제 간 연구와 관련된 것으로, 마음의 여러 주제와 관련하여 주로 심리학, 신경과학, 철학 등 인접 분야가 학제 간 작업을 한 결과들이다.

마음 들여다보기

마음을 들여다보는 작업은 단순히 학자들만의 논의를 넘어서 우리가 매일 부딪히는 소비, 교육, 건강, 인간관계, 법, 죽음 등의 문제와 밀접한 연관을 맺고 있다. 그러므로 시민으로서 이런 문제들을 더 깊고 넓게 고민해야 할 때, 인지과학의 통찰은 좋은 의사결정에 도움을 줄 것이다.

독자들이 조금 더 쉽게 다가갈 수 있도록, 책에서 다루는 여러 사례는 학술적 주제이면서도 우리의 일상과 관련되는 소재로 골랐다. 마음에 접근하는 분야와 주제 들은 매우 다양하지만, 이 책에서 뽑은 주제들은 다음의 두 전망대에서 바라볼 수 있다.

1부 〈마음이 머무는 곳〉은 인간의 마음이 어떻게 작동하는지에 관한 것이다. 1부에서 소개하는 주제들은 모두 신경과학과 심리철학, 심리학의 공통 관심사로, 감각과 인지, 의지, 정서, 공감과 관련되어 있다. '마음'이라는 코끼리의 여기저기를 손으로 경험한 사람들이 그 부분들을 맞추어 만들어낸, 마음에 관한 현재의 이해라고 할 수 있다.

2부 〈마음의 도약〉은 그 이해를 바탕으로 마음에 관한 기술들을 실제적, 사회적으로 응용하는 방법과 관련된다. 인간의 정서 및 인지 구조를 밝히는 데 중요한 역할을 하고 있는 뇌 관련 기술의 철학적 함의는 무엇일까? 뇌-마음-환경의 복잡한 연결 관계는 어떻게 이루어지는 걸까? 우리는 마음에 대해 어디까지 알 수 있을까? 이러한 질문들과 함께, 인간의 기억과 감정의 한계를 넘어서게 하는 신경공학 기술과 그 의미를 생각해본다.

이 책은 특별한 경우를 제외하곤 각 주제에 대한 여러 학문의 이해 방식을 분야별로 따로 소개하지 않았다. 다양한 분야의 관점은 그 자체로 흥미가 있지만, 다양한 것을 모아놓는다고 해서 통합적인 시각이 저절로 만들어지지는 않기 때문이다. 이 책은 주로 신경과학, 심리학, 철학의 연구를 중심으로 서술하지만, 그 외 여러 분야가 이론과 응용 면에서 긴밀히 관련되어 있으므로, 인공지능 문제라든가 윤리와 정의에 관한 질문, 각종 영화를 통해 상상해볼 수 있는 인간 마음의 난점에 관한 이야기도 등장할 것이다.

마음을 가진 인간으로서 마음의 이모저모를 탐색하는 것은 자기 내면을 들여다보는 또 다른 방식인 듯하다. 내 마음을 만드는 수많은 요소를 경험하게 해주고 성장하게 도와준 부모님, 형제자매, 다양한 감각적·감정적·인지적 자극을 주는 주변 사람들 모두가 소중한 경험의 자원이다. 오랜 시간 따뜻한 시선으로 기다려 주시고 책의 구성과 편집에 좋은 의견을 주신 휴머니스트 편집부, 그리고 나의 가족에게 감사드린다.

차례

머리말 마음은 코끼리 5

프롤로그 마음의 스펙트럼과 인지과학 14

PART 1 마음이 머무는 곳

CHAPTER 1 색은 대상에 있는가, 마음에 있는가 33

CHAPTER 2 보는데 지각되지 않는다 51

CHAPTER 3 뇌가 나를 움직이는가, 내가 뇌를 움직이는가 69

CHAPTER 4 판단하는 도덕, 느끼는 도덕 95

CHAPTER 5 공감에도 유효기간이 있나요 117

PART 2 마음의 도약

CHAPTER 6 신경과학 시대의 독심술 141

CHAPTER 7 뇌 영상 탐지기의 원죄 159

CHAPTER 8 인공적 진화와 마음 성형 177

CHAPTER 9 나는 아바타다, 고로 존재한다 197

후주 218

찾아보기 221

프롤로그

마음의 스펙트럼과 인지과학

내가 어릴 적 즐겨 보던 만화영화는 대부분 로봇이 주인공으로 등장했다. 〈로보트 태권V〉, 〈짱가〉, 〈우주소년 아톰〉……. 이들은 다 차원이 다른 로봇이었다. 태권V는 훈이가 조종해서 움직였고, 바이오 로봇 짱가는 몸속으로 들어간 영민이(칸타로)와 하나가 되어 악당들과 싸웠으며, 인간을 초월하는 로봇 아톰은 선악을 구별해 자기 의지대로 움직였다. 인지능력 면에서 각기 다른 차원에 있는 이 로봇들은 인지과학이 태동한 20세기 초반부터 인공지능이 발전된 현재 그리고 미래의 인지과학이 나아갈 모습까지 인지과학의 발전상을 축약해서 보여준다.

인지과학은 넓은 의미로는 '마음에 관한 연구'다. '마음'이라는 개념에 대한 단일한 정의는 존재하지 않지만, 보편적으로 인지 이외에 정서와 의지 기능까지 포함하는 포괄적인 의미로 사용된다. 최근에는 마음 작용을 만들어내는 테크놀로지의 작동이나 환경까지 포함하는 의미로 확장되었다. 그런데 이렇게 넓은 범위를 대상으로 하는 학문을 왜 '마음학'이라고 하지 않고 '인지과학'이라고 이름 짓게 되었을까? 인지과학은 처음 생겨날 때 마음의 모든 측면이 아니라 인지 영역에서만 연구를 시작했다. 정서나 의지, 의식처럼 비인지적인 마음의 측면은 뭔가 신비하거나 학문의 대상이 아니라고 생각하던 시절이었기 때문이다. 지금은 화학물질이 잘 전달되지 않은 현상에 불과하다고 보는 우울증을 예전에는 귀신 들림이나 정신병으로 치부했던 것처럼, 정서나 의식 같은 마음의 측면들은 얼마 전까지만 해도 신비한 현상일 뿐 학자들이 체계적으로 접근할 만한 연구 대상이 아니라고 보았던 것이 사실이다. '의식'이나 '정서'가 본격적인 연구 대상이 된 것은 불과 20~30년 전의 일로, 짧은 기간 동안 철학, 인공지능, 신경과학에서 폭발적으로 많은 연구가 이루어졌다. 그 이후부터 '의식 상태를 조절하는 약'이나 '감정을 느끼는 로봇'을 이야기하는 것이 낯설지 않은 시대가 되었다.

태권V, 짱가, 아톰의 마음

앞서 밝혔듯, 내 유년 시절을 즐겁게 만들어준 추억 속 로봇들의 모습은 마음의 종합 학문인 21세기 인지과학의 과거-현재-미래의 모습을 비유해볼 수 있는 지표다. 각 로봇의 능력이 어디까지인지, 어떤 메커니즘으로 움직이는지를 알면 인지과학의 발전사를 한눈에 이해할 수 있다.

태권V는 인간의 마음을 가지고 있어서 그것에 따라 움직이는 것처럼 보이지만, 실제로 로봇의 몸을 움직이는 것은 조종사 훈이, 즉 로봇 안에 있는 중앙처리장치를 조절하는 인간이다. 이 특징은 과거 인지과학 1세대의 모습을 비유적으로 보여준다. 만화는 태권V라는 기계가 움직이고 말할 때 어떤 복잡한 메커니즘을 거치는지는 보여주지 않는다. 뇌가 작동하는 메커니즘을 흉내 내지만 태권V는 자기 의도대로 움직이는 것이 아니고, 실제 마음을 가지고 있는 건 인간이다. 이런 태권V 수준의 기계는 이미 오래전에 등장했다. 컴퓨터가 대표적이며, 17세기의 철학자 르네 데카르트가 마차로 이동할 때 항상 가지고 다니며 사람들에게 보여주곤 했던 자동기계 인형도 크게 보면 이와 같은 수준의 기계다.

짱가는 인간과 합체해서 움직인다. 흥미로운 것은 인간의 마음과 로봇의 움직임이 하나가 된다는 점이다. 이는 현재 전신 마비인 사람들을 위해 개발되고 있는 뇌-기계 인터페이스(Brain-Machine Interface, BMI) 기술이나 신경 칩을 떠올리게 한다. 이 기술들은 생각할 때 나오는 뇌파를 전기신호로 변환하고 해석한다. 사지가 불편한 장애인이 기계 팔이나 기계 다리 등을 뜻대로 움직이도록 돕기도 하고, 뇌 신경의 신호만으로 사람끼리 소통할 수 있게도 한다. 신경 신호를 통해서 기계와 연결된 인간은 조금 더 편리한 생활을 할 수 있을 것이고, 짱가처럼 전투능력을 발휘할 수도 있을 것이다. 마음이 뇌나 몸 밖의 기계 장비에까지 확대되는 것이다.

아톰은 휴머노이드*를 넘어선 최강의 로봇이다. 인지능력과 근력도 인간보다 우수하고 선(善)을 추구하는 도덕적 판단력까지 가지고 있다. 짱가와 달리 아톰은 인간과 몸이 합쳐지면서 능력을 가지게 된 것이 아니라 원래부터 인간 이상의 능력을 가지도록 설계되었다. 비록 인간이 처음부터 아톰과 같은 능력을 가지고 태어날 수는 없겠지만, 미국에서 현재 개발되고 있는 전투용 옷이나 군인의 전투력 향상을 위한 잠 안 자는 알약, 집중력과 기억력을 높여주거나 마음을 편안하게 하는 약물, 손상된 뇌를 보강하는 신경 칩 등과 같은 도구들을 가지면 우리도 미래에 아톰처럼 되지 않으리란 법은 없다.

이렇게 인지과학의 발전은 우리가 꿈꾸던 이야기들을 현실로 만들어가고 있고, 동시에 '마음'이 더는 신비하고 알 수 없는 것이 아니라 '물질'과 '정보'를 주고받으며 작용한다는 사실을 알려

---

* 인간의 모습을 한 로봇을 말한다. 2000년대 한국에서 개발된 휴보나 일본에서 개발된 아시모가 그 예다.

주고 있다. 이제 마음과 물질의 구분은 모호해지고 있다. 우리는 이제 자연 그대로의 인간이 아니고, 시간이 갈수록 더 급진적인 사이보그(cyborg, 'cybernetic organism'의 약어)가 되어갈지도 모른다.*

그렇다면 마음은 뇌에서 나오는 것이 아니라 기계의 전기신호에서 나오는 것일까? 마음이 전기신호에서 나온다면 그것을 여전히 마음이라고 할 수 있을까? 그러면 마음이라는 것이 따로 있는 것이 아니라 물질만 있는 것인가? 우리는 자유의지 없이 물질에 조종당하는 자동인형인가? 어디서부터가 마음이고 물질인가? 이것이 불분명하다면, 기계와 인간 그리고 동물의 마음은 복잡함의 정도 차이에 불과한 것일까? 인간이 정신 능력과 신체 능력을 인공적으로 향상해서 아톰 수준의 능력을 갖추게 되면 우리는 여전히 인간인가? 인공적인 마음의 향상은 장기간에 걸친 교육과 똑같은 결과를 가질까? 이런 물음들이 이 책의 곳곳에 등장할 것이다.

지금까지 태권V, 짱가, 아톰을 통해 비유적으로 인지과학이 마음을 어떻게 보았고 어떤 변화를 가져왔는지를 그려보았다. 이제 실제 인지과학의 역사를 살펴보자.

---

* 사이보그란 인공 물질의 도움을 받아 능력을 향상한 존재를 말한다. 다양한 기구를 사용해 능력을 향상한다는 점에서 이미 우리는 부분적으로 사이보그다.

독사과를 삼킨 튜링과 인지과학 1세대(1937~1980년대)

매킨토시와 아이폰으로 유명한 회사 애플의 상징은 한 입 베어 먹은 사과 모양이다. 이것은 인지과학의 선구자인 수학자 앨런 튜링(Alan Turing)의 비극적인 죽음을 기린 것이라는 설이 있다. 튜링은 수학계의 집합론과 불완전성 정리에서 생긴 문제들을 해결하려고 24세의 젊은 나이에 〈결정 문제에 적용되는 계산 가능한 수에 대하여(On Computable Numbers, with an Application to the Entscheidungsproblem)〉(1936)라는 수학 논문을 발표했다. 이 논문에서 그는 0과 1이라는 코드만 가지고 프로그램을 무한히 만들 수 있다고 주장했다. 이것이 오늘날 우리가 사용하는 컴퓨터와 휴대전화 운영 체계의 기본 원리다. 튜링은 생각을 부호로 처리하는 것이 가능하고 더 나아가 효율적이라고 생각했지만, 여기까지는 다른 수학자나 컴퓨터 공학자, 논리철학자도 할 수 있는 생각이었다. 그의 생각이 여기에서 그쳤다면 수학이나 컴퓨터공학의 기초만 마련되었을 뿐, 인지과학이라는 종합적 분야는 탄생하지 않았을지도 모른다.

튜링은 여기서 한 차원 더 나아간다. 그는 암호 해독으로 전쟁터에서 세운 공적이 찬란했지만 동성애자로 밝혀지면서 사회적 냉대를 당했다. 그 와중에 저명한 철학 학술지 《마음(Mind)》에 "기계가 생각할 수 있는가?"에 관한 내용을 담은 논문 〈계산 기계와 지능(Computing Machinery and Intelligence)〉(1950)을 발표한다. 기계가 마음을 가지는지 어떻게 알 수 있을까? 아니, 기계가 마음을 가진다는 것이 가능하기나 할까? 파격적이게도 튜링은 기계나 인간이나 부호로 조합되는 정보처리를 한다는 점에서 같으며, 이러한 점에서 기계는 마음을 가질 수 있다고 생각했다.

리들리 스콧 감독의 영화 〈블레이드 러너(Blade Runner)〉(1982)에는 남자 주인공 데커드가 복제인간 레이철에게 여러 가지 질문을 해서 그녀가 인간인지 아닌지를 시험하는 장면이 있다. 이 시험이 바로 튜링이 고안해낸 '튜링 테스트'다. 〈계산 기계와 지능〉에서 튜링은 기계와 격리된 방에 있는 인간 평가자가 문자 채팅을 통해서 상대가 인간인지 기계인지를 구별할 수 없다면 기계는 인간과 유사한 수준의 지능/마음을 가진 것이라고 제안한다. 〈블레이드 러너〉에서 레이철은 인간이라면 더 격한 반응이 자연스러웠을 질문에 미적지근한 반응을 보이고, 이를 통해 데커드는 레이철이 인조인간임을 알아낸다. 물론 튜링 테스트는 언어 행위의 유창함만 이용한 테스트라 한계가 많다. 유아나 고등동물은 언어 능력이 없으며, 지능이나 마음을 언어만으로 설명하기에는 역부족이기 때문이다. 그러나 튜링 테스트는 기계를 골라내기 위한 테스트인 동시에, 인간이 기계와 별다를 바가 없다는 튜링의 깊은 뜻을 담고 있다.

튜링의 아이디어는 그가 사망한 1954년 이후 더 구체적으로 발전하여 새로운 학문 분야와 이론 들을 낳는다. 1956년 다트머스 대학교에 모인 정보이론가, 경제학자, 심리학자 등은 '인공지능'이라는 학문 분야를 만들어냈고, 이 분야가 발전하고 함께 연구하는 분야도 늘어나면서 1970년대 초 '인지과학(cognitive science)'이라는 용어가 드디어 사용된다.

튜링 이후의 학자들이 자신들의 작업을 '인지과학'이라고 부른 이유는 그 당시 사회적, 학문적 분위기 때문이기도 하다. 마음의 여러 가지 기능을 모두 이야기하는 오늘날과 달리 당시에는 '마음'을 '인지'에만 국한하는 것을 당연하게 생각했다. 튜링이 시도한 '생각의 부호화'가 마음의 여러 측면인 감정(emotion)과 의지(volition)에는 수월하게 적용되기 어려운 반면, 지능(intelligence)과 같은 인지(cognition)는 비교적 형식화와 체계화가 수월했기 때문이다. 또 당시 철학자들은 형식적으로 보장되는 논리적 문장이나 경험으로 검증된 사실이 아니면 지식으로 받아들이지 않는다는 논리실증주의(logical positivism) 입장을 강하게 밀어붙이고 있었고, 이런 생각은 튜링의 정보처리 아이디어와 잘 맞아떨어졌다. 따라서 감정이나 의지처럼 형식화되기 어렵거나 경험으로 증명되기 어려운 대상들은 연구 주제에서 제외되었다.

다트머스 대학교에 모인 학자들은 생각을 부호로 처리하고 체계화하는 절차에 관해 갑론을박을 거쳐 두 학파로 나뉘게 된다. 지능은 실제 두뇌 구조와 관련 없이 추상적인 기호들을 처리하는 과정이라 보는 계산주의 그룹과 실제 뇌의 신경 구조를 모방해야 지능이 될 수 있다는 연결주의 그룹이다.

두 그룹은 서로 대립하며 연구비와 주도권을 선점하려 각축전을 벌였다. 오늘날에는 두 이론뿐만 아니라 수많은 이론이 인공지능 연구에 골고루 사용되고 있지만, 당시 두 그룹은 서로 상대 이론이 해결할 수 없는 문제의 해답을 경쟁적으로 발표하며 다퉜다. 1960년대와 1970년대에는 계산주의 그룹이, 1980년대에는 연결주의 그룹이 앞서거니 뒤서거니 하면서 우위를 차지했다.

그러나 사실 두 그룹 모두 '계산'이나 '지능'에 관한 튜링의 기본 아이디어를 공유하고 있다. 계산주의와 연결주의는 공존할 수 없는 숙적이 아니라 마음의 다른 두 부분을 각자 설명하고 있을 뿐이다. 계산주의는 학습이나 추리와 같은 추상적이고 고차원적인 사고 과정을 설명하고 구현하기에 더 적절하며, 연결주의는 지각처럼 신경 구조가 관련된 하위 차원의 인지 과정을 시뮬레이션하는 데 더 유용하다. 계산주의 모형과 연결주의 모형을 결합하여 각 장점만 취하고자 만들어진 하이브리드 프로그램으로 움직이는 로봇도 있다. 1990년대 이후부터 지금까지는 두 이론뿐 아니라 또 다른 인지 모델의 개발이 이어지면서 인지 모형의 춘

추전국시대에 접어들었다.

스마트폰과 장자 그리고 인지과학 2세대 (1980년대~현재)

스마트폰과 기존 휴대폰, 둘은 겉보기에는 비슷하다. 그런데 스마트폰이 더 주목받는 기술인 이유는 무엇일까? 일단 통신 기능을 비롯해 컴퓨터와 인터넷으로만 할 수 있었던 일들을 하나의 작은 기계로 할 수 있게 되었기 때문일 것이다. 이는 부호 정보처리를 통해 이 기술들을 소프트웨어로 사용할 수 있게 만든 1세대 인지과학 덕분이다. 하지만 스마트폰이 우리 삶을 혁명적으로 바꿔놓은 이유는 그 이상의 것 때문이다. 스마트폰의 주요한 특징 중 하나는 이전에는 불가능했던 연동이 가능하다는 점이다. 연락처와 일정, 문서 내용이 인터넷과 스마트폰에 자동으로 동일하게 저장, 동기화(synchronization)된다. 정보를 열람하고 수정하는 매체가 스마트폰인지, 태블릿PC인지, 컴퓨터인지는 예전만큼 중요하지 않다.

이런 상태는 도가 사상가 장자(莊子)가 꾸었다는 호접몽을 떠올리게 한다. 《장자(莊子)》의 〈제물론(齊物論)〉에 따르면, 장자는 꿈속에서 나비가 되어 즐겁게 날아다니면서도 자신이 장자인 것을 알지 못했다. 그런데 꿈에서 깨어보니 자신은 나비가 아니라 인간 장자였다. 장자는 혼란스러웠다. 나비의 꿈속에서 인간이 된 것일까, 인간의 꿈속에서 나비가 된 것일까? 이 이야기는 나비와 인간의 구분이 자연적인 것이 아니라 만들어낸 것일 수 있다는 점을 암시한다. 인간 장자는 분명히 나비와 다르지만, 인간 장자가 도대체 누구인지, 어떤 것인지는 인간의 몸이든 나비의 몸이든 하나의 매개체에 고정되어 있지 않고 상황에 따라 변화(transform)할 수 있다는 뜻이다.

'마음'이라는 것의 정체는 과연 무엇이고 어디서 어떻게 생겨나는 것일까? 뇌신경과학이 발달한 오늘날 우리는 인간의 마음이 뇌에서 나온다고 생각한다. 이것은 마음이 심장에 있다는 오래전 생각보다는 많이 발전된 것이다. 그런데 인지과학 2세대에 들어서서 '마음'은 심장과 뇌를 넘어서서 몸 전체 그리고 몸 밖의 환경으로까지 확대된다고 보는 혁신적 발전을 이룬다.

2세대 인지과학은 뇌신경과학이 새로운 단계로 비약적 발전을 하면서 시작된다. 그 이전의 신경과학은 분자 수준에서 감각과 관련된 인지 과정을 주로 연구했다. 이런 연구는 신경 연결망에서 정보가 처리되는 방식을 통해 마음의 작동을 이해하려 했던 1세대 인지과학의 연결주의 인지 이론에 이바지했다. 그런데 사고나 학습과 같은 고차적 인지 과정을 설명할 때는 분자 수준 이상의 연구가 필요했다. 이에 인지심리학의 실험을 참고하면서 1970년대 말 인지신경과학(cognitive neuroscience)이라는 분야가 만들어졌다.

인지신경과학의 발전은 마음의 작동을 측정하기 위해 뇌 활동을 기록하는 뇌파도(electroencephalography, EEG), 경두개자기자극(transcranial magnetic stimulation, TMS), 기능적 자기공명영상(functional Magnetic Resonance Imaging, fMRI)을 비롯한 여러 도구를 개발하고 활발하게 사용함으로써 가능해졌다. 뇌 영상 도구들은 단지 연구 수단에 그치지 않는다. 뇌의 한 부분을 자극하여 종교적 경험을 끌어내거나 정신적 문제를 치료하기 위해 뇌에 처치하는 등 마음 작용에 직접 영향을 미치는 데도 이 도구들을 사용한다.

뇌를 영상으로 보는 도구가 인문학적으로, 철학적으로 의미 있는 점은 마음이 작동할 때 뇌가 활동하는 과정을 실시간으로 촬영할 수 있게 되면서 과학과 철학의 난제였던 마음과 뇌의 관계를 '비교적' 직접 탐구하는 것이 가능해졌다는 점이다. 신경과학 기술의 발전은 인지신경과학과 심리학, 철학이 공동으로 관심을 가지고 서로의 영역을 드나들며 연구를 발전시키는 계기가 되었다. 심리학과 인지신경과학의 벽이 허물어졌고, 최근에는 철학과 인지신경과학, 심리학이 공유한 방법론으로 연구를 진행하는 실험철학(experimental philosophy)도 등장했다.

2세대 인지과학에서 출현한 인지신경과학은 1세대 때는 형식화가 어려워 관심을 두지 않던 '정서'가 중요한 주제로 떠오르는 데 이바지했다는 점에서 특히 중요하다. 논리적 사고나 이성적 추리와 같은 '인지' 영역이 실제로는 '정서'의 영향을 많이 받는 것으로 밝혀졌다. 또 '인지'와 달리 '정서'는 상대적으로 몸의 상태나 외부 환경의 영향을 더 크게 받으므로 마음이 '몸'이나 '외부 환경'과 상호작용하면서 존재한다는 가정에 기반해 '마음'이라는 개념도 넓어지기 시작했다. 이 넓어진 마음 개념은 철학과 심리학에서 '확장된 마음(the extended mind)'이라는 가설로 제시되었고, 인공지능 프로그램을 만드는 공학 분야에서는 로봇의 메커니즘을 디자인하는 데 이 가설을 사용하고 있다.

이런 움직임은 정서뿐만 아니라 더 나아가 종교적 깨달음을 얻는 마음이나 물건을 구매하는 소비자의 마음, 아름다움을 느끼는 마음, 문화를 즐기는 마음에 관한 신경과학·심리학·철학 연구를 발전시켰다. 그런 만큼 인지과학의 주제들은 여러 분야와 결합하여 다양한 주제로 확대되었고 종교, 윤리, 법학, 경제학과 관련된 문제들이 줄줄이 인지과학의 융합적 분석으로 새롭게 접근되고 있다. '뇌 신경 윤리', '신경 마케팅', '인지 경제학', '법 인지과학', '신경 종교학' 등의 응용 영역들이 바로 그것이다. 이런 광범위한 영역 확대는 이제 학술 연구가 상아탑 안에만 머물지 않고 상점, 은행, 법정, 보험회사, 병원 등 우리 생활 곳곳에 깊숙이 영향을 미치게 되었다는 점에서 그 의의가 크다.

마음 혁명과 인공적 진화

그렇다면 인지과학 2세대의 신경 테크놀로지는 1세대보다 과학기술적으로 발전한 도구를 사용한다는 것 외에 어떤 차이가 있을까? 과학기술의 발전 측면에서 본다면 1세대와 2세대 인지과학은 발전의 연속선 상에 있지만, 신경 테크놀로지에는 그 이상의 의미가 있다. 2세대의 마음 테크놀로지는 1세대와는 다른 혁명을 이끈다.

신경 테크놀로지는 근래 인간-컴퓨터 인터페이스(human computer interface)라는 형태로 나타난다. 대표적 예가 《나는 왜 사이보그가 되었는가(I, Cyborg)》라는 책을 쓴 케빈 워릭(Kevin Warwick)과 그의 아내다. 이 부부는 말 대신 손목에 심은 신경 칩을 통해서 뇌파를 전달하는 방식으로 대화를 주고받는다. 스마트폰을 사용자의 뇌파로 조종하는 장치도 현재 판매되고 있다. 인간과 기계가 결합한 로봇 짱가와 같은 사이보그 형태를 한 사람들의 수가 늘고 있는 것이다. 조금 단순하게 얘기하자면, 바로 이렇게 인간과 기계의 경계가 허물어지는 시점이 미래학자 레이 커즈와일(Ray

Kurzweil)이 이야기하는 '특이점'일 것이다.

최근에는 인공지능의 딥러닝 기술이 발전하면서 컴퓨터와 뇌를 연결하는 시도도 늘고 있다. 전기자동차를 만드는 회사 테슬라(Tesla)의 수장인 일론 머스크(Elon Musk)는 뉴럴링크(Neurallink)라는 뉴로테크놀로지 회사를 차려 쥐의 두개골을 열고 머리카락 4분의 1 두께의 미세한 실 모양 센서들을 삽입한 뒤 이를 통해 무선으로 컴퓨터와 신호를 주고받는 방식을 개발 중이며, 이 기술을 인간에게도 적용하려 한다. 뉴럴링크는 2019년 기자회견을 통해 두뇌와 컴퓨터를 연결하는 인터페이스 개발에 주목할 만한 진전을 이뤘다고 발표했다. 또 페이스북은 손목밴드를 통해 생각을 컴퓨터에 전달하는 '마음-기계' 연결을 개발 중이다.

이렇게 마음의 스펙트럼을 연구하는 여러 분야는 기존의 마음-몸, 혹은 마음-뇌의 이분법을 약화하고 그 사이의 연결을 강조하면서 기술적 발전은 물론이고 전통적 철학의 개념을 새로 조명하는 시대를 열고 있다. 인지과학 1세대가 마음을 인간 내부의 정보처리라는 측면에서 바라보며 '인지 혁명'을 이루었다면, 인지과학 2세대는 인지를 넘어서 정서나 의지, 환경과 기계 등 여러 스펙트럼을 포함하는 마음 개념을 확립하고, 이렇게 확장된 마음을 통해 인간의 마음과 뇌 그리고 기계가 서로 영향을 주고받는 '마음 혁명'을 이룬다. '마음 혁명'은 인간을 외부 환경으로부터 독립된 주체가 아니라 환경의 연속선 상에 있는 존재로 보게 하면서 1세대와는 다른 새로운 인간관을 보여준다. 기계와 인간이 전기 부호를 통해 연결되는 인간-컴퓨터 인터페이스, 뇌파로 움직이는 기계, 인지나 정서 능력을 높이는 약물, 스스로 고장 난 부분을 자각하고 수리하는 자아를 가진 로봇 등의 개발은 인간의 마음이 뇌라는 인간의 몸에서만 발생하는 것이 아니라 몸 밖의 환경과도 깊은 연관을 맺고 있다는 것을 보여준다. 장자의 호접몽에서처럼, 인간 중심의 사고방식뿐만 아니라 정신과 물질의 구분, 인간과 세계를 나누는 이분법까지 거부하는 새로운 인간관, 세계관이다.

신경 테크놀로지, 인공지능과의 결합은 인간의 고유한 특징으로 여겨온 마음의 작동에 인위적으로 개입하여 자연적 한계를 넘어서는 인지기능을 수행하게 한다. 자연적 진화의 산물로서 기능에 한계가 있는 마음에 인공적인 조작을 통해 개입하면, 그 한계를 극복하는 '인공적 진화'가 가능하게 된다. 자연적 진화가 위험물을 감지하고 피하는 데 인간 마음의 기능을 집중시켜 생존을 가능하게 했다면, 인공적 진화는 인간 스스로가 인간 마음의 기능을 최대한으로 끌어올려 삶의 질을 최대한 높이고자 하는 것이다. 이렇게 되면 '인간'은 생물학적 몸과 마음을 가지고 있는 유기체라는 기존의 개념을 넘어서서, 기계와 인간이 합성된 형태의 생명

체와 같이 여러 가지 새로운 모습을 하게 될 것이다. 당연히 '자연적'인 것과 '인공적'인 것의 구분이 지금보다 모호해질 것이다.

1세대 인지과학에서 보는 마음이 인간을 기계에 비유하는 '태권V 차원의 마음'이라면, 2세대 인지과학의 마음은 인간과 기계가 전기신호라는 신경 테크놀로지로 연결되어 하나가 되는 '짱가 차원의 마음'이며, 더 발전될 미래의 포스트휴먼은 인간 능력을 인공적으로 강화해 확장되는 '아톰 차원의 마음'이 될 것이다. 이러한 인지과학의 발달과 응용 방향을 부정적으로도, 긍정적으로도 볼 수 있겠지만, 새로운 형태의 휴머니즘을 불러오고 있다는 점에는 틀림이 없다. 추상적으로만 접근되던 '마음'이란 실체가 이제는 하나의 과학기술로, 또 거꾸로 그 과학기술을 움직이는 새로운 단계의 힘으로 부상하는 지금, 이 마음의 작동을 이해하는 것이야말로 개인의 변화뿐만 아니라 사회 변화를 이해하는 데 중요한 요소가 될 수 있다.

이 책에서 소개되는 감각, 공감, 신경, 인지, 도덕 등에 관한 문제들은 마음이 드러나는 여러 창문이다. 이 창문을 통해 독자들이 우리 인간 마음의 이모저모를 이해하고 이전보다 조금이나마 더 좋은 의사결정을 내리는 데 도움이 되기를 바란다.

Part 1

마음이 머무는 곳

▶ 1부는 인간의 마음이 어떻게 작동하는지에 관한 것이다. 여기서 소개하는 주제들은 모두 신경과학과 심리철학, 심리학의 공통 관심사로, 감각과 인지, 의지, 정서, 공감과 관련되어 있다. '마음'이라는 코끼리의 여기저기를 손으로 경험한 사람들이 그 부분들을 맞추어 만들어낸, 마음에 관한 현재의 이해라고 할 수 있다.

CHAPTER 1

색은 대상에 있는가, 마음에 있는가

관습상 색은 존재한다고 하지만 ……
실제로는 원자와 진공이다.
—**데모크리토스**, 《**원자론**》

정신을 깨우는 붉은 콜라 캔의 힘

전 세계적으로 많은 사람이 즐기는 청량음료 콜라(coke) 시장에서 점유율 1, 2위를 다투는 대표적인 두 브랜드는 코카콜라와 펩시다. 이 중 실제로 더 많이 판매되는 제품은 코카콜라라고 한다. 왜 그런지를 알기 위해 1975년 펩시의 대표 존 스컬리(John Sculley)는 소비자들의 눈을 가리고 두 회사의 콜라를 시음해서 선호하는 맛을 고르게 하는 실험을 진행했다. 실험 결과는 의외로 펩시의 승리였다. 펩시가 맛이 더 좋은데 왜 더 많은 소비자가 코카콜라를 선택할까? 제품 외적 요소가 선택에 영향을 미치는 걸까?

코카콜라를 담고 있는 용기와 코카콜라 광고의 화면을 채우는 색은 대부분 붉은색인 반면, 펩시 용기의 색은 대부분 파란색이다. 붉은색은 보는 이들을 심리적으로 흥분하게 한다. 붉은색을 볼 때 뇌파를 측정하면 우리가 잠에서 깨어 활동할 때 나오는 베타파라고 한다. 그래서 잠들어 있을 때와는 달리 활동할 때에는 활기와 자신감을 주는 붉은색이 차분한 푸른색보다 선호될 수밖에 없다. 게다가 코카콜라의 일부 광고나 음료 캔 용기를 보면, 가장자리에 배치한 검은색 때문에 붉은색이 원래보다 더 밝게 보인다. 색깔이 우리의 심리에 주는 영향이 실제 맛의 선호도를 앞질러 코카콜라를 선택하게끔 만들었다고 볼 수 있다.

만약 활기찬 정신을 위한 제품이 아니라 휴식에 필요한 제품이라면 소비자들은 마음을 차분하고 편안하게 해주는 초록색이나 파란색을 더 많이 고를 것이다. 이렇듯 색깔은 우리 마음을 움직인다. 먹기에 알맞게 익은 과일이나 채소를 구별하게끔 도와주기도 하고, 표지판이나 신호등을 보고 위험을 감지하게끔 하기도 한다. 이렇게 색깔은 우리 일상에서 상징적인 메시지를 효과적으로 전달하고 있다.

나른할 때 정신을 번쩍 들게 해주는 코카콜라 캔 표면의 붉은색, 그 힘은 어디서 나오는 것일까? 가게에서 사과를 고를 때 푸른 것보다는 붉은 사과를 고르게 하는 그 빨간색의 정체는 무엇일까? 사과의 빨간색이 우리에게 행사하는 힘은 사과 표면의 껍질에서 비롯되는 것이라고 생각하는 게 보통이지만, 기원전 5세기 과학자이자 철학자인 데모크리토스(Democritus)는 색을 띠는 것을 쪼개어보면 색조가 전혀 없는 원자들로 이루어져 있다는 것을 이미 알고 있었다. 많은 사람이 펩시보다 코카콜라를 선택하는 것은 바로 우리 눈에는 보이지도 않는 원자들의 활동이 우리에게

흥분과 열정을 느끼게 하기 때문인 셈이다.

데모크리토스의 말에 따르면 우리에게 여러 감정과 행동을 일으키는 것은 우리가 보는 다채로운 '색깔' 그 자체가 아니다. 그러면 우리의 색 경험은 환상이고 실제로 이 세상에는 색이 없는 것일까? 데모크리토스의 생각은 17세기에 이르러 극적으로 부활한다. 철학자이자 수학자였던 르네 데카르트(René Descartes)는 《철학의 원리(Principia Philosophiae)》(1644)와 《굴절광학(Dioptrique)》(1637)에서 무지개색을 광학의 원리로 설명하면서 색이란 우리 마음과는 별도로 존재한다고 설명한다. 물리학자 아이작 뉴턴(Isaac Newton) 역시 《광학(Opticks)》(1704)에서 입자인 빛의 비율이 달라지면서 색 경험이 만들어지는 것이라고 과학적으로 설명하며 색은 실제로 존재하는 것이 아니라고 주장한다.

색을 수학적, 과학적으로 설명하는 방식은 뉴턴 이후 모든 것을 과학적으로 설명하려는 유행을 끌어내면서 르네상스 시대의 흐름에 올라탔다. 이런 유행을 경계하고자 한 움직임도 있었는데, 요한 볼프강 폰 괴테(Johann Wolfgang von Goethe)와 철학자 존 로크(John Locke)다. 당시 과학자, 시인, 지질학자였던 괴테는 《색채론(Zur Farbenlehre)》(1810)에서 색은 인간 감각과 별도로 존재하는 것이 아니라고 말한다. 17세기 철학자 로크 역시 《인간오성론(An Essay Concerning Human Understanding)》(1690)에서 색깔은 맛이나 소리, 통증처럼 우리의 감각 경험을 만들어내는 힘이므로 우리 마음에 있다고 보면서 데카르트와 뉴턴의 생각을 반박했다.

태초에 빛이 있었다

색이 없는 세상을 상상할 수 있을까? 흑백텔레비전이나 흑백영화에서처럼 검은색과 흰색 그리고 회색의 명암 구분만 있는 세계 말이다. 태어날 때부터 무채색으로만 되어 있는 물체들에 둘러싸여 성장하는 아이를 상상해보자. 그 아이를 우리가 사는 유채색의 세계로 데려왔을 때 그 아이가 겪게 될 새로운 색 경험은 어떤 것일까? 이 가상의 이야기는 호주의 철학자 프랭크 잭슨(Frank Jackson)이 〈부수현상적 감각질(Epiphenomenal Qualia)〉(1982)[1]이라는 논문에서 제시한 사고실험이다.* 이 실험에는 '메리'라는 이름의 가상 인물이 나오는데, 신경과학자인 그는 흑백으로만 만들어진 방에서 태어나고 거주해왔다. 영화 〈플레전트 빌(Pleasant Vill)〉(1998)에서도 이와 비슷한 상황을 볼 수 있다. 이 영화에서는 한 사

* 사고실험이란 가상의 상황을 상정해 검토하고자 하는 대상의 속성, 본성을 탐구하는 사고방식이다. 전통적으로 철학자들이 수행해왔다.

람이 아니라 마을 사람 모두가 흑백세계에 살며 감정도 존재하지 않는다.

사실상 우리는 모두 사고실험에 나오는 메리처럼 '플레전트빌'의 세상을 경험한 적이 있다. 인간은 생후 3개월이 되어서야 색깔을 볼 수 있고 그 전에는 흑백으로만 사물을 보기 때문이다. 인간이 아닌 다른 동물의 색 경험 역시 우리와 다르다. 투우사가 흔드는 빨간 천을 향해 달려가는 소는 사실상 흑백으로만 세상을 보고, 흑백 명암으로 사물을 구분한다. 반면 벌은 인간이 볼 수 있는 가시광선을 넘어서 자외선 영역까지 볼 수 있어 우리가 미처 보지 못하는 색깔을 구분하고, 새우는 색을 볼 수 있게 해주는 원추세포를 11종류나 가지고 있어 세 종류의 원추세포를 가진 인간보다 더 많은 색을 본다.

철학자 잭슨의 사고실험에서, 흑백 방에서만 자라난 메리는 신경과학자이므로 아름다운 색들을 직접 본 적은 없어도 다양한 색이 어떻게 생겨나는지는 알고 있다. 메리가 알고 있는 지식은 다음과 같다. '색(色)'이라는 한자어의 의미가 빛인 것처럼, 색깔은 자연의 빛이 대상에 반사하여 생겨난다. 여러 물체는 빛을 받을 때 반사하는 빛의 양이 각기 다르기 때문에 다른 색으로 나타난다. 이때 인간이 지각할 수 있는 가시적인 스펙트럼 범위(가시광선) 안에 있는 색은 각 파장에 따라 각기 다른 비율의 빛을 반사한다.

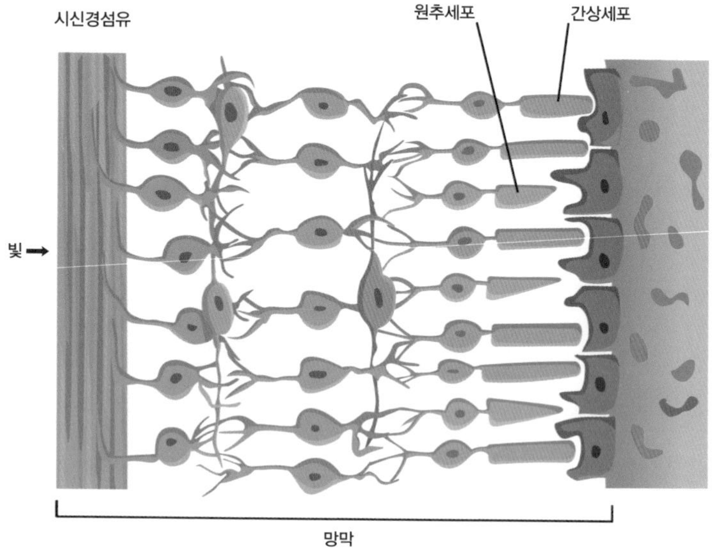

▲ 망막과 시세포, 시신경의 구조.

이를 스펙트럼 반사율(surface spectral reflectance)이라고 하는데, 빛은 이 비율에 따라 반사되어 우리 눈의 세포와 만나게 된다. 안구 안의 색깔을 감지하는 세포들은 원추 모양의 세포들(원추세포)과 막대기 모양의 세포들(간상세포)인데, 이 세포들을 만나 전기신호로 바뀐 정보를 뇌로 보내면 마침내 우리는 색깔을 보게 된다.

그래서 시각을 느끼는 뇌의 부분인 후두엽에 전기 자극을 주면 우리는 눈을 감고도 색을 볼 수 있고, 시각세포가 불량하거나 손상되면 색깔을 잘 보지 못하게 된다. 또 빛의 양을 변화시키는 조명이 바뀌면 대상이 가진 색깔이 달라 보이기도 한다.

과학을 통해 들여다보면, 우리가 경험하는 색은 대상이 반사하는 스펙트럼 반사율에 따른 물리적 성질일 뿐이다. 과학이 말하는 '색'은 우리에게 희로애락을 느끼게 하는 그 '색'과 다른 실체인 것만 같다.

모네의 〈루앙 성당〉 연작과 색의 패러독스

우리가 눈만 뜨면 만나는 총천연색의 세계가 사실 그저 빛의 반사율로 결정되는 세계라는 것을 알고 나면 한편으로는 실망스러울 수도 있다. 하지만 이 반사율 덕분에 우리는 생존할 수 있다. 색을 구성하는 반사율이라는 물리적 성질은 우리가 바라보는 이 세계의 모든 대상을 구분하게 해주기 때문이다. 이는 생존에 필수적이다. 물체를 구분할 수 있어야 인간을 비롯한 동물들이 요철을 피해 안전하게 걸을 수 있고 잘 익은 열매들을 구분할 수 있으며, 적과 동지를 알아볼 수 있기 때문이다. 우리의 눈은 이 반사율을 탐지하도록 만들어져 있어서 설령 물체가 그림자 때문에 조금 다른 색으로 보이더라도 물체가 가진 본래 색을 알아낼 수 있다.

▲ 모네의 〈루앙 성당〉 연작.

클로드 모네(Claude Monet)는 이런 빛의 원리를 잘 파악해서 그림을 그린 화가다. 그의 여러 작품 중 옆의 그림을 보자. 이 그림들은 1892년에서 1893년에 걸쳐 완성된 〈루앙 성당〉 연작으로, 시간에 따른 빛의 변화 때문에 다른 색으로 보이는 성당 건물을 그린 것이다.

이 그림들은 빛의 작용에 따라 달라지는 건물의 색깔을 보여준다. 새벽에는 분홍, 회색, 진주색 광채를 띠는 그림 속 루앙 성당이, 오전에는 노란색과 오렌지 색조를 띠는 하얀색으로, 해가 중천에 솟아있는 정오 즈음에는 백색으로, 그러다가 날이 저물면서는 다시 붉은색이 되고, 해가 지기 전에는 회색, 푸른색, 보라색이 되었다가 어둠 안에 묻힌다. 그림마다 성당 건물이 이렇게 여러 색으로 변하지만, 우리는 성당 벽 표면의 본래 색인 연회색 또한 경험한다.

동일한 성당 벽 표면의 색을 다른 색깔로 인지하면서 동시에 같은 색깔로 본다는 것이 모순처럼 보일 수 있지만, 그림마다 색상은 달라도 결국 같은 색을 표현한 것이라고 이해할 수는 있을 것이다. 그런데 우리는 조명에 따라 동일한 표면을 다른 색으로 보기도 한다. 한 물체를 동시에 두 가지 색으로 보는 역설(paradox)을 어떻게 이해할 수 있을까? 과학이 발달하면서 스펙트럼 반사율이 색을 다르게 지각하게 해준다는 것까지 밝혀진 오늘날, 유아나 동물도 빛의 밝기가 변하더라도 여전히 본래색(전문 용어로는 '항등색恒等色, constant color')을 볼 수 있다는 것이 밝혀졌다. 신경과학자 제임스 L. 대너밀러(James L. Dannemiller)는 태어난 지 석 달 된 영아가,[2] 동물신경생리학자 크리스타 노이마이어(Christa Neumeyer)는 벌이나 금붕어, 두꺼비가 조명이 바뀌어도 항등색을 분간해낼 수 있다는 것을 밝혀냈다.[3] 게다가 우리가 항등색을 볼 때 인지기능을 담당하는 부분이 아니라 색 정보를 처리하는 뇌 부위가 활성화된다는 점이 한 연구를 통해 발견되었다.[4] 그렇다면 괴테나 로크의 생각과는 달리 본래색을 인지하는 것은 우리 마음과는 독립적으로 물체에 원래 존재하는 색 때문이라고 볼 수 있다.

마음에 있는 색깔

화가 클로드 모네의 작품 〈수련〉을 보고 눈이 아련해진 경험이 있는가? 마르크 샤갈의 그림이 신비하게 느껴지는 이유는 무엇일까? 이 화가들의 그림이 다른 그림보다 더 아름다운 풍경을, 혹은 꿈속의 광경을 그렸기 때문일까? 아니면 다른 화가들이 일반적으로 사용하는 물감이 아닌 특수 물감이나 재료를 사용해서일까? 아니다. 그들은 똑같은 색조의 물감을 가지고 다른 화가들이 그

렸을 때 주는 느낌과는 다른 색감을 낼 수 있었다. 똑같은 물감으로 어떻게 다른 색을 느끼게 할 수 있을까? 오랜 시간을 거쳐 연마해야 하는 비법이 있는 것일까?

그 대답은 가까이에 있다. 옷 가게에서 옷을 입어보고 구매한 후 집에 가지고 와 다시 입고 거울 앞에 섰을 때, 옷의 색깔이 달라 보이는 경우가 가끔 있다. 가게에서는 선명했던 색상이 칙칙해 보일 때도 있다. 가게에서 옷을 입어봤을 때 눈이 피로해서 제대로 색을 볼 수 없었기 때문일 수도 있지만, 매장의 벽면이나 조명이 옷의 색을 더 선명하게 보이도록 했기 때문일 수도 있다.

아래 그림에서 가운데에 놓여 있는 사각형을 보라.

이 그림은 '색깔의 동시대비(simultaneous color contrast)' 현상을 보여준다. 두 사각형 각각의 중앙에 놓인 회색의 작은 사각형은 색

▲ 색깔의 동시대비 현상.

과 밝기(명도)가 정확히 똑같다. 그런데 검은 사각형 안에 있는 회색 사각형이 오른쪽의 회색 사각형보다 더 밝아 보인다. 게다가 더 자세히 보면 다른 색깔끼리 인접한 곳의 경우, 인접한 두 색상 중 어두운색은 더 어둡게, 밝은색은 더 밝게 보인다.

색깔이란 것이 독특한 이유가 바로 여기 있다. 모양과 비교해 보자. 동그란 쟁반은 그 옆에 네모난 쟁반이 있다 하더라도 여전히 동그랗게 보인다. 주변의 시각적 환경이 변해도 그 모양은 변하지 않는다. 그래서 동그라미, 세모와 같은 '모양'은 대상 그 자체에 속하는 성질로 보인다. 이런 특징을 가진 모양과는 달리, 색깔은 주변의 색이나 조명에 따라 다르게 보인다. 즉, 색을 가진 대상이 스스로 자기 색을 나타내 보이는 것이 아니라, 주변 색이 변함에 따라 우리에게 다른 색을 보여준다. 그렇다면 우리가 보는 색은 그 물체에 속해 있는 것이 아닌 것 같다.

색깔과 모양이 이렇게 다른 특징을 가진다는 점에 주목한 이가 철학자 존 로크다. 로크는 모양처럼 대상 그 자체에 속하기 때문에 주변 환경의 변화에 영향을 받지 않는 크기, 길이, 무게와 같은 것들을 '일차성질(primary quality)', 그리고 색처럼 대상으로부터 나오지만 환경 변화에 따라 다르게 지각되는 냄새, 맛, 소리와 같은 것들을 '이차성질(secondary quality)'이라고 불렀다. 다음의 벤험 디스크(Benham's disk)를 살펴보자. 색이 대상에 있는 것이 아니라 우리

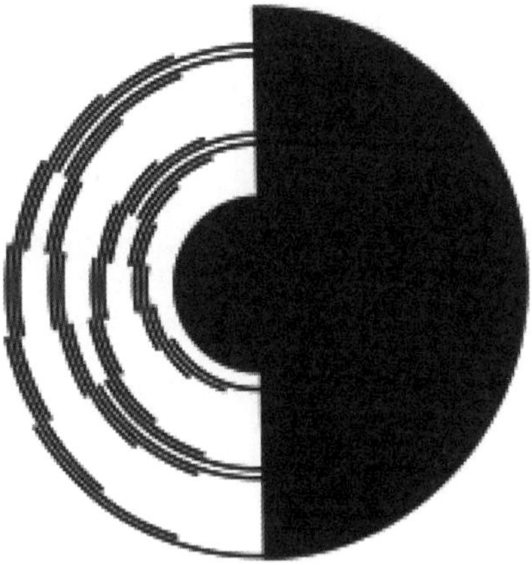

▲ 벤험 디스크.

마음에 있다는 로크의 생각이 더 설득력 있어 보일 것이다.

벤험 디스크는 원의 지름을 기준으로 검은색과 흰색으로만 구성되어 있다. 그런데 이 원을 초당 7회의 속도로 빠르게 회전시키면 무채색 바탕에 보라색을 비롯한 여러 유채색을 가진 띠가 보이게 된다. 하지만 보라색이 보여도 우리는 원을 보라색이라고 하지 않고 무채색이라고 한다. 보라색은 벤험 디스크 스케치에는 없는 색깔이니까 말이다. 그러면 이 보라색은 내 마음이 만들어낸 시각적인 착각, '환시(visual illusion)'에 불과한 것일까?

이런 현상은 우리가 무언가를 보는 데 있어서 예외적인 경우가 아니다. 검은색, 흰색, 회색 같은 무채색과 갈색을 떠올려보자. 이 색들은 배경색 없이 그 자체로는 보기 어려운 색이라고 한다. 그런데 이런 색들은 우리가 깨어 있는 동안, 심지어 꿈속에서도 항상 보는 색이다. 그렇다면 우리가 보는 색깔이라는 것은 대부분 배경색과의 대비를 통해야만 볼 수 있는 것이므로, 벤험 디스크에서 보이는 보라색이 환시로 인한 예외라고만 할 수는 없다.

우리는 물체가 회전할 때가 아니라 정지해 있을 때가 무엇을 보는 일상적이고 표준적인 상태라고 생각한다. 그런 이유로 벤험 디스크를 회전시킬 때 나타나는 색깔은 디스크의 진짜 색이 아니라 환시라는 예외적인 경우라고 생각한다. 그러나 우리가 어떻게 사물을 보게 되는지를 조금 더 자세히 알게 되면 '정지해 있다'는 상태가 우리가 무언가를 볼 때의 표준적인 시각 환경이 아닐 수도 있다는 걸 알게 된다. 먼저 우리의 안구는 정지해 있는 상태로는 무언가를 볼 수 없고 무의식적인 안구 운동을 해야 비로소 색을 볼 수 있게 된다고 한다. 컬러텔레비전 역시 움직임을 통해 색깔이 만들어지는 원리를 이용해서 가능해졌다. 그렇다면 벤험 디스크가 회전할 때 보이는 보라색은 예외적인 경우에서 나타난 색이 아니라 오히려 우리가 색을 보는 일반적인 환경에서 나타난 것이다.

어떤 것을 보는 일이 움직이는 벤험 디스크에서 보라색이 보이는 경우와 유사하다면, 주변 배경에 따라 색이 다르게 보이는 경우야말로 환시가 아니라 일상적이고 자연스러운 시각이라고 할 수 있다. 그렇다면 색깔은 대상에 속하는 것이 아니라 우리 마음이 만들어내는 성질이겠다.

색깔이 많은 부분 마음이 만들어낸 것이라면 우리에게 보이는 것들은 환상일 뿐일까? 그보다는 세상에 존재하는 것들이 언제나 우리가 경험하는 그대로의 모습이 아닐 수 있다는 뜻일 것이다. 우리가 경험하는 세상은 좁게는 나 자신에게만, 넓게는 인간에게만 그렇게 보이는 것이고, 다른 감각기관을 가진 동물에게는 다르게 경험될 것이다. 인간은 만물의 기준이 아니다.

CHAPTER 2

보는데 지각되지 않는다

언어의 한계는 세계의 한계다.

—**루트비히 비트겐슈타인, 《논리철학논고》**

바로 앞에 있었는데 못 봤다고요?

영화를 보고 이해하는 것은 단순한 일처럼 보이지만 줄거리를 이해하는 것 말고도 엄청난 신경적, 인지적 능력이 필요하다. 영화의 한 장면은 여러 컷을 연속적으로 촬영해서 만들어지지 않는다. 같은 배경에 같은 인물이 등장하더라도 컷마다 시차를 두고 촬영하기 때문에 배경이나 등장인물의 차림새 등이 약간씩 바뀌곤 한다. 그런데도 자연스럽게 이어지는 장면으로 받아들이는 것은 여러 컷을 연결하는 편집 작업 덕분이다. 연속적으로 보이는 영화나 드라마의 컷과 컷 사이에는 사소한, 혹은 꽤 큰 변화가 숨겨져 있을 수 있다.

다음 쪽 상단의 두 사진을 번갈아 살펴보라. 무슨 차이가 있는가? 두 사진의 차이를 금세 발견하고 "이걸 누가 못 찾아! 예전에 유행했던 찾아라 시리즈 같은 거네!" 할 수도 있고, 계속 사진들을 노려보다 포기할 수도 있다.

심하게 졸려서 눈이 감기거나 하는 특수한 상황이 아니면 우리

는 눈앞의 물체를 다 잘 볼 수 있다고 생각한다. 또 우리가 주의를 기울이기만 하면 원하는 만큼 대상에 대한 정보를 얻을 수 있다고 생각한다. 우리의 눈은 카메라에 비유되곤 한다. 우리의 시각 경험은 대상의 모든 특성을 복사하듯이 입력한다는 것이다. 하지만 실제로는 기억용량의 한계 때문에 그럴 수 없다. 나라를 막론하고 지역 번호를 제외한 전화번호가 대부분 7개의 숫자, 많아도 9개를 넘지 않는 숫자로 이루어져 있는 이유는 인간 기억의 한계 때문이다. 심리학자 조지 밀러(George Miller)는 이런 제한된 기억용량을 '매직 넘버 세븐(magic number seven)'이라 불렀다. 양적으로도, 질적으로도 우리가 눈으로 보고 분명하게 떠올리는 대상들은 생각보다 많지 않다. 우리의 시각은 한 번에 한 가지에만 집중하도록 설계가 되어 있다.

이러한 인지능력의 한계 때문일까? 경험하고도 기억하지 못하는 경우는 우리 생활 곳곳에서 나타난다. 우리는 이웃과 종종 다음과 같은 이야기를 나눈다.

A: …… 봤지요?

B: 아니오. 못 봤습니다.

A: 바로 앞에 있었는데 못 봤다고요?

B: 네, 정말 못 봤어요.

A: 만약 ……이 있었다면 분명히 봤겠지요?

B: 그랬다면 분명 봤겠지요. 근데 난 못 봤단 말입니다.

청문회나 법정의 증인 신문에서 종종 등장하는 대화이기도 하다. 하지만 전력을 다해 주의를 기울여서 대상을 본다고 해도 대상의 특징들을 다 볼 수 있는 건 아니다. 한 장면을 보았을 때 그 장면의 어떤 특징들은 의식에 떠오르지만 다른 특징들은 떠오르지 않는 건 왜일까? 영화를 볼 때 다른 각도에서 찍힌 두 장면의 세부사항이 다르다는 점을 알아채지 못한 채 자연스럽게 연결된 장면으로 인지하는 것은 무엇 때문일까?

한 가지 열쇠는 우리의 '눈'이 아니라 '뇌'가 대상을 본다는 것이다. 우리는 '눈'이라는 감각기관을 사용해서 대상을 본다고 생각한다. 그러나 눈은 물체들의 정보를 접수하는 안내 창구일 뿐이고 접수한 결과를 알려주는 역할은 하지 않는다. 어떤 내용을 의식에 떠오르게 하는 것은 눈이라는 감각기관이 하는 역할이 아니다. 인간이 세계를 어떻게 경험하는지의 문제는 심리학의 문제일 뿐만 아니라 철학의 오랜 문제이기도 했다. 특히 16~17세기에 경험과학이 본격적으로 발달하면서 17세기 철학자들이 궁금해하던 인식론의 문제였다. 현대 인식론자들과 심리철학자들 역시 머리를 싸매고 이 문제를 설명해보려 하고 있다. 그런 와중에 최근에 수행된 인지심리학의 한 실험은 우리가 어떻게 세계를 경험하는지를 생생히 보여준다.

변화맹 실험

앞의 사진에서 달라진 부분을 눈치채지 못하는 현상을 심리학에서는 '변화맹(change blindness, 變化盲)'이라고 한다. 변화맹 현상은 우리가 분명히 보았다고 여겼던 광경들이 실제와 다를 수 있다는 것을 알려준다. 놀랍게도 우리는 어느 정도이든 착시 속에 살고 있다.

혹시 두 사진의 차이가 거의 모든 사람이 알아차리지 못할 만큼 미세하기 때문에 쉽게 식별하지 못하는 것이 아닐까? 두 장면

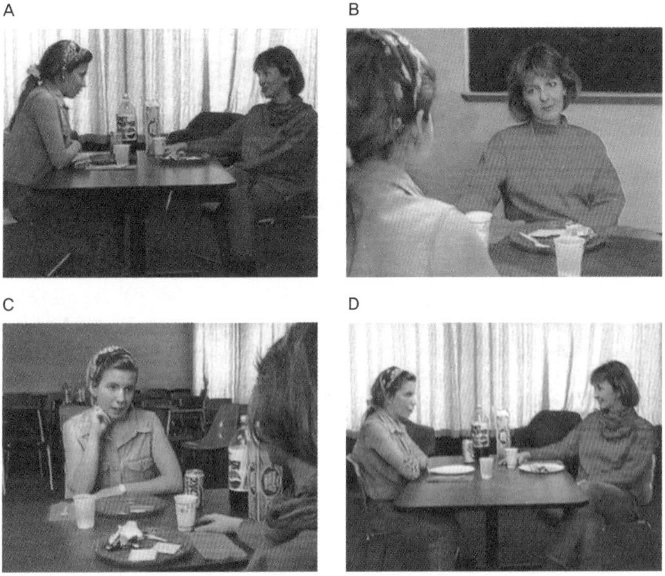

▲ 레빈과 사이먼스의 첫 번째 변화맹 실험. 장면마다 사물에 변화가 있다.

의 변화 차이를 눈에 띄게 해놓으면 아마도 앞의 실험은 별것 아닌 것으로 밝혀질 수도 있지 않을까? 정말 그런지를 보기 위해 설계된 것이 인지심리학의 변화 실험이다.[1] 심리학자 대니얼 레빈(Daniel Levin)과 대니얼 사이먼스(Daniel Simons)는 두 사람이 대화를 나누는 영상을 시청하게 하고, 장면마다 변화를 주면서 피험자들이 그 변화를 알아차리는지를 알아보았다.*

이 실험에서 연속되는 장면들은 각기 이전 장면과는 다른 변화를 총 9개 포함하고 있다. 접시 색깔이 바뀐다든지, 여성이 매고 있는 스카프가 사라진다든지, 손의 위치가 바뀐다든지 하는 식이다. 10명의 피험자는 동일한 실험을 재차 진행해 시간을 더 할애하여 관찰하도록 했는데도 9개 변화 중 평균적으로 2개만 알아차렸다.

왜 이런 현상이 일어날까? 각각의 변화가 화면에서 큰 부분을 차지하지 않고, 시야의 중심부에 있지도 않기 때문일까? 그렇다면 시야 중심부에 변화를 주면 어떨까? 이런 생각으로 두 번째 실험이 진행되었다.

결과는 앞의 실험과 크게 다르지 않았다. 영상 속의 배우와 옷 색깔이 화면마다 변하는데도, 40명의 피험자 중 3분의 1만이 그 변화를 알아챘다. 여기서 생각해볼 점은 배우의 얼굴과 옷은 화면에서 비교적 넓은 부분을 차지하는 특징이라는 점이다. 그런데도 3분의 2에 해당하는 피험자가 변화를 알아채지 못했다는 점은 변화맹 현상이 우연이거나 변화한 부분이 사소해서 발생한 것이 아니라는 의미다. 즉, 이러한 '변화맹'은 시시때때로 누구에게나 발생하는 현상이다.

그렇다면 왜 변화를 알아차리지 못했을까? 시야의 중심부에 있

• 다음 링크에서 실험에 사용된 영상을 볼 수 있다. vimeo.com/81032915

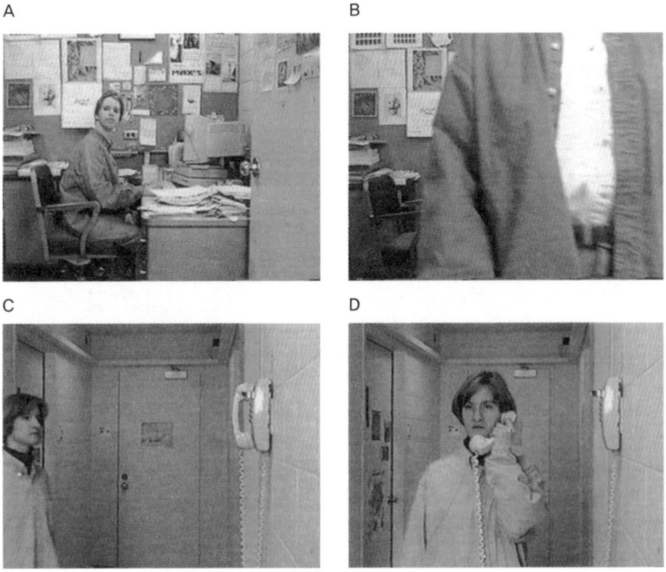

▲ 레빈과 사이먼스의 두 번째 변화맹 실험. 장면마다 배우와 옷 색깔이 변한다.

는 대상을 본다고 해서 우리가 그것을 의식적으로 알아차리게 되는 건 아니다. 열심히 '본다'고 자동적으로 '의식'하게 되는 것은 아니라는 말이다. 만약 영상에 나오는 인물의 옷 색깔에만 주의를 기울인다면 장면 사이의 변화를 더 잘 알아차릴 수 있을 것이다. 주의를 기울이면 단순한 경험 차원의 것을 의식 차원으로 상승시킬 수 있다는 점은 틀림없다. 그런데 주의를 기울인다고 항상 대상이 의식 경험의 레이더에 잡히는 건 아니다. 다음 실험을 보라.

보아도 보이지 않는다

국내에 《보이지 않는 고릴라(The Invisible Gorilla)》(2011)라는 번역서로 소개된 인지심리학자 크리스토퍼 차브리스(Christopher Chabris)와 대니얼 사이먼스는 주의를 기울인다는 것이 어떤 의미인지를 보여주는 부주의맹(inattentional blindness)이라는 심리학 실험을 한다.[2] 실험에서 피험자들은 약 1분간 이어지는 대학생들의 농구 게임 영상을 보면서 검은 옷을 입은 팀과 흰옷을 입은 팀 중 흰옷을 입은 팀의 패스가 몇 번 성공하고 몇 번 실패하는지 세도록 지시받는다. 시야에 들어오는 특정 사건들에 주의를 기울이도록 고안한 것이다. 그런데 피험자가 주의를 기울이는 영상 속에는 검은 고릴라 복장을 한 사람이 갑작스레 등장해서 농구를 하는 대학생들 사이로 약 9초 동안 걸어 다니는 장면이 있다. 이때 몇 번 공이 건네지는지에 집중하고 있는 피험자들에게 검은 고릴라를 보았냐고 물었더니, 피험자의 약 50퍼센트가 검은 고릴라 복장을 한 사람을 알아채지 못했다. 주의를 기울이고 있는 시야 안에 낯선 물체가 나타났는데도 자각하지 못한 것이다.

고릴라 복장을 한 사람은 어쩌다 놓쳤다기에는 꽤 긴 시간인 9초 동안 화면 안에 머물렀다. 그런데 왜 피험자의 의식 경험 안에 들어오지 못했을까? 먼저 지시사항을 자세히 살펴보자. 실험자는

▲ 차브리스와 사이먼스의 부주의맹 실험.

검은 옷 팀과 흰옷 팀 중 흰옷 팀에 집중하도록 실험을 설계했다. 흰옷을 입은 팀이 주고받는 공에 집중하면, 검은 옷을 입은 팀의 시각 정보가 내 눈에 들어왔을지라도 내 의식 경험에까지 접수되지는 않은 것이다. 이것은 우리가 주의를 기울인다고 해도 우리의 시각이 향하는 대상 전체가 아니라 '특정한 부분'만 우리 의식에 접수된다는 의미다. 내가 관심을 가지고 주의를 기울이는 특성이 내가 보는 세계를 만든다.

'동일하다'는 것의 힘

앞선 실험들이 영상을 통한 가상 실험이었다면, 사이먼스와 레빈이 1998년에 행한 다음 실험은 실제 상황에서 일어난다.[3]

이 실험에서 한 젊은이는 피험자에게 길을 묻는다. 둘이 서로 이야기를 나누는 동안 그들 사이로 커다란 문을 운반하는 사람들이 지나가고, 그동안 피험자 모르게 운반자 중 젊은이 한 명이 처음에 길을 묻던 사람과 자리를 바꾸었다. 이 두 사람은 키와 목소리 등 용모가 다른데도 피험자 중 꽤 다수가 자신에게 길을 묻는 사람이 조금 전과는 다른 사람이라는 것을 눈치채지 못했다.*

피험자는 젊은이의 얼굴을 보고 길을 설명하고 있었다. 다른

▲ 사이먼스와 레빈의 변화맹 실험.
이번에는 영상을 통해서가 아니라 실제 상황에서 대화하고 있던 사람이 바뀐다.

곳을 쳐다보지 않고 젊은이에게 주의를 기울이고 있었던 것이다. 그런데도 피험자는 길을 묻는 사람이 바뀐 것을 알지 못했다. 앞선 고릴라 실험에서는 우리가 어떤 것을 의식적으로 경험하려면 주의를 기울이는 것이 필요하다고 했다. 그런데 이 실험은 그냥

- 다음 링크에서 실험 영상을 볼 수 있다. vimeo.com/81039224

주의를 기울이는 것만으로는 충분치 않다는 것을 보여준다. 그럼 우리가 무언가를 의식적으로 경험하기 위해서는 무슨 조건이 더 필요한 것일까?

실험자들은 이 질문에 대한 답을 탐색하기 위해 실험 내용을 조금씩 변형시켜 후속 실험을 진행했다. 원래의 실험에서 피험자는 노년층이었고 길을 묻는 사람은 청년층이었다. 그런데 변형된 후속 실험에서는 두 사람의 연령대를 유사하게, 즉 피험자와 길을 묻는 사람을 동일하게 노년층 혹은 청년층으로 설정했다. 결과는 어땠을까? 첫 번째 실험에서는 상대방이 다른 용모의 사람으로 바뀐 후에도 피험자가 그 변화를 자각하지 못한 반면, 변형된 실험에서는 피험자가 유사한 연령대 사람의 머리나 옷 스타일의 변화를 자각했다. 피험자는 첫 번째 실험에서는 변화맹이었다가 두 번째 실험에서는 변화를 알아차렸다. 무엇 때문에 실험 결과가 달라졌을까?

상대가 동일한 사회 집단에 속한 사람일 때, 즉 같은 연령층이거나, 같은 직업을 가지고 있거나, 같은 문화권 안에 속할 때 사람들은 상대에게 더 큰 친숙함을 느낀다. 이는 일반적인 현상이다. 오랜 시간 동안 경험한 대상이나 특성에 대해서도 마찬가지다. '친숙'하다는 것은 대상의 특징에 관한 정보가 당사자의 인지 체계 안에 내재되어 익숙해졌다는 것이다. 익숙한 정보는 굳이 정보처리를 새롭게 하지 않아도 되기 때문에 세세한 특징을 더 쉽게 알아차릴 수 있다.

다시 고릴라로

고릴라 실험으로 다시 돌아가보자. 고릴라 실험에서 고릴라 복장을 한 사람이 가슴을 쿵쾅거리면서 9초나 되는 긴 시간 동안 시야의 중앙에 있었고 피험자들은 그 자리를 분명히 쳐다보고 있었지만, 피험자의 반 정도가 이를 알아차리지 못했다. 여기서 실험의 지시사항을 바꾸면 어떨까? 원래 실험에서의 지시사항은 흰옷을 입은 선수들이 패스에 성공하는 수를 세라는 것이었다. 흰옷 대신 검은 옷을 입은 선수들이 패스에 성공하는 수를 세라는 지시사항이 내려진다면 어떨까? 실제로 이렇게 지시했을 때 고릴라 옷을 입은 사람을 알아차리는 수가 꽤 증가했다. 첫 번째 실험에서 피험자들은 흰옷이라는 특징에만 주목하다 보니 검은 고릴라 복장을 한 사람에게는 주의를 기울이기가 어려웠을 것이다. 그러다 보니 검은색에 대한 시각적 정보가 의미 있게 머릿속에 자리 잡을 수 없었고, 고릴라 복장을 한 사람을 의식적으로 경험하지 못하게 되었다.

무언가를 경험할 때 특정 영역을 주의 깊게 살핀다고 해서 거기 있는 모든 것에 주의를 기울이게 되는 것이 아니다. 고릴라 실험이 말하듯, 우리는 당시에 의미 있게 여긴 것에만 주의를 기울인다. 이런 특성은 시각적 경험에만 일어나는 것이 아니라 다른 감각에도 발생한다. 19세기 말 아프리카를 탐험한 데이비드 리빙스턴은 사자에게 뒤에서 공격당한 적이 있는데 어깨가 뜯겨 나가는 순간에 통증을 느끼지 못했다고 회고했다. 탐험 대상에 모든 주의를 기울이느라 어깨가 뜯겨 나가는 순간에는 고통의 감각이 의식 안으로 들어오지 않은 것이다. 눈과 귀를 거친 우리 주변의 모든 정보가 우리 의식 안에 자동으로 들어오는 것은 아니며, 의미 있는 정보만 의식의 영역으로 들어올 수 있다.

심리학의 '칵테일 파티 효과'라는 현상도 같은 선상에서 이해할 수 있다. 무수히 많은 사람이 모인 장소에서 나는 내 주변의 몇몇 사람과의 대화에 몰두해 있다. 여러 사람이 주변에서 웅성거리고 있기 때문에 내 귀에는 내가 속한 무리의 대화만 가까스로 들린다. 그런데 멀리 어디선가 내 이름을 거론하는 소리가 나에게 분명히 들린다. 거리상으로는 멀리 있는데 어떻게 그 소리가 부각이 될까? 나에게 의미 있게 자리 잡은 대상이나 개념은 내 두뇌 안에 이미 활성화되어 있어서, 경험을 의식으로 끌어올리는 인지 틀로 사용되기 때문이다. '내 이름'은 '나'에게 가장 의미 있는 특성이기 때문에 다른 대화들보다 우선적으로 나의 의식 경험 안에 들어오게 된 것이다.

각자의 의식 경험 안에 들어오는 정보를 결정하는 것은 우리 개개인이 몸담아온 문화, 교육 환경과 개인사, 기대치로 인해 형성된 인지 틀이다. 똑같은 자극과 정보가 주어지더라도 이 틀에 따라 사람은 모두 질적, 양적으로 다른 경험을 한다. 이 세상은 단 하나의 모습을 하고 있는 것처럼 보이지만 각 사람에게 세계는 모두 완전히 다른 것이다.

현재의 인지 틀에 만족하지 않고 더 넓고 깊은 시각의 인지 틀을 가지기를 원한다면 무엇을 해야 할까? 지금까지와는 완전히 다른 경험을 하고 그에 익숙해져야 할 것이다. 인지 틀의 관점에서 보면 다른 이에게 공감하는 것은 그의 경험을 조금이라도 이해하지 않는 한 불가능하다. 더 많은 세상과 사람을 이해하고 싶다면 그 세상, 그 사람의 경험이 무엇인지를 알고 체득하는 과정이 필요할 것이다.

CHAPTER 3 뇌가 나를 움직이는가,

내가 뇌를 움직이는가

냇물은 자유로이 흘러갈 뿐 아니라
필연적으로 흐른다.
—토머스 홉스, 《리바이어던》

삼성의 플레이오프 승리는 필연이었을까?

2010년 한국 프로야구 삼성팀과 두산팀 간의 플레이오프 다섯 경기는 마지막 순간까지 결과를 예측하기 어려웠던, 유례없는 박빙의 승부로 유명하다. 두 팀은 1차전에서부터 4차전까지 1승 차로 엎치락뒤치락했고, 마지막 5차전은 11회 연장전까지 이어져 끝내기 내야 안타로 가까스로 승부가 났다. 두산의 경우 5차전 경기 전날이 쉬는 날이었던 데다가 삼성이 보유한 외국 선수는 경험이 적은 상황이어서 전문가들은 승리가 두산으로 기울 것이라 예측했다. 그런데 두산 측 선발투수의 우연한 손가락 부상 때문에 경기는 삼성 쪽에 조금 유리하게 진행되었고, 홈런이나 장거리 안타가 아닌 실책성 안타 덕분에 승리는 아슬아슬하게 삼성 쪽으로 넘어갔다.

두산팀을 옹호하는 사람들은 선발투수의 손가락 부상만 아니었다면 두산이 승리했을 거라고 아쉬워했지만, 사실 삼성의 승리는 필연이었을지도 모른다. 우연으로 보이는 선발투수의 손가락

부상은 과도한 훈련으로 이미 늘어나 있던 손가락 근육 때문이었을 수도 있다. 과도한 훈련은 이전의 훈련 부족 때문에 빠뜨릴 수 없는 절차였을지도 모르고, 훈련 부족은 계속되는 경기들 때문에 어쩔 수 없는 상황이었을지도 모른다. 이렇게 어떤 행위가 선택되든 그것의 원인, 그리고 원인의 원인이 죽 늘어서 있으므로 승부는 이미 결정되어 있는 것 같다.

하지만 삼성팀이 아니라 두산팀이 결국 이길 수도 있지 않았을까? 10분 전, 나는 오늘은 다른 일을 하고 글은 내일부터 쓸까 망설였었다. 결국 오늘 이 글을 쓰기로 했지만 10분 전에 결정을 바꾸어서 글을 쓰지 않을 수도 있었다.* 두산팀 선발투수 역시 경기 전날 투구 연습을 조금 덜 하기로 선택할 수도 있었을 것이다. 그럼 실책 없이 투구해 팀을 승리로 이끌 수 있지 않았을까?

우리는 그 투수에게 자유의지가 있다고 가정하기 때문에 그가 어떻게 행동할지 예측할 수 없다고 생각한다. 하지만 지진을 비롯한 자연 현상이 예측하기 어렵다고 해서 우리는 그것을 누군가의 저주나 신의 뜻으로 치부하지 않고, 무언가 우리가 모르는 질

* 철학자 조지 에드워드 무어(George Edward Moore)는 특정 행위를 유도하는 원인이 있더라도 다른 선택을 할 수 있다면 자유의지를 가진다고 봤다. 원인이 있다는 것과 결정되어 있다는 것은 다른 말이라는 의미다.

서가 있다고 생각한다. 인간의 행동도 너무 복잡해서 우리의 지적 능력으로는 미처 헤아리기 어려울 뿐, 예측 가능한 것일 수도 있다.

실제 자유의지의 유무와 관계없이, 인간은 스스로 자유의지를 가지고 있다고 생각한다. 적어도 원래 했던 행동과는 '다른 행동을 택할 수 있다'는 생각을 어릴 때부터 가지고 있음을 입증하는 실험 결과가 있다. 2006년, 발달심리학자인 로라 슐츠(Laura Schulz)와 제시카 섬머빌(Jessica Sommerville)은 3세에서 5세 사이의 어린이들이 자유의지라는 개념을 아는지 실험했다.[1] 아이들은 상자로 굴러 들어가는 공을 보고 '공이 상자 안에 굴러 들어갈 수밖에 없었고, 다르게 움직일 수는 없었다'라는 반응을 보였지만, 실험자가 상자 안에 손을 넣자, 실험자가 공을 다르게 움직일 수도 있었을 것이라는 반응을 보였다.

당신은 지금 이 책을 어떻게든 볼 수밖에 없었을까, 아니면 안 볼 수도 있었을까?

리벳의 실험: 결심하기 전에 활동하는 뇌

쭈글쭈글하고 물컹한 회색 덩어리인 우리의 뇌에서 우리의 의지가 생겨나는 것은 그 어떤 마법보다도 신비로운 문제다. '뇌를 구성하는 신경세포가 주고받는 전기 신호'가 어떻게 '무언가 하겠다!' 하는 마음 상태를 만들어낼 수 있을까? 오랜 전통의 철학으로도, 발전을 거듭하고 있는 과학으로도 우리의 마음이 생겨나는 과정을 정확히 알 수는 없다. 이런 이유로 '의식'을 연구해온 철학자, 과학자 들은 마음이 어떻게 뇌로부터 나오는가 하는 문제를 '어려운 문제(hard problem)'라 불렀다. 그러나 비록 그 과정을 명백하게 밝힐 수는 없더라도, 우리는 우리가 의지하는 대로 행동할 수 있다는 '느낌'을 객관적으로 관찰하고 그 수치를 측정할 수 있는 시대에 와 있다. 뇌에서 일어나는 신경 활동의 전기적 측정을 통해서 말이다.

뇌 신경의 활동을 기계로 측정하는 기술을 사용할 수 있게 된 1980년대, 벤저민 리벳(Benjamin Libet)은 우리가 우리 행동을 제어할 수 있는 자유의지가 있는가 하는 철학적인 질문을 신경과학으로 실험해보리라는 꿈에 부풀어 있었다. 리벳의 아이디어는 간단했다. 피험자가 누르고 싶을 때 버튼을 누르게 하고, 버튼을 누르는 '행위'를 할 때 '뇌의 활동'을 관찰하는 것이다. 리벳은 '결정', '손가락 움직임', '뇌 신경 활동'이 발생하는 시간을 측정하기 위해 다음과 같이 실험을 준비했다.

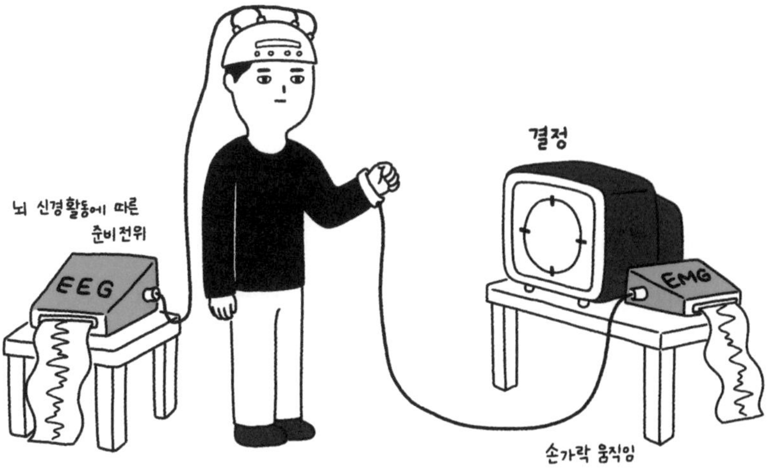

▲ 리벳의 실험.

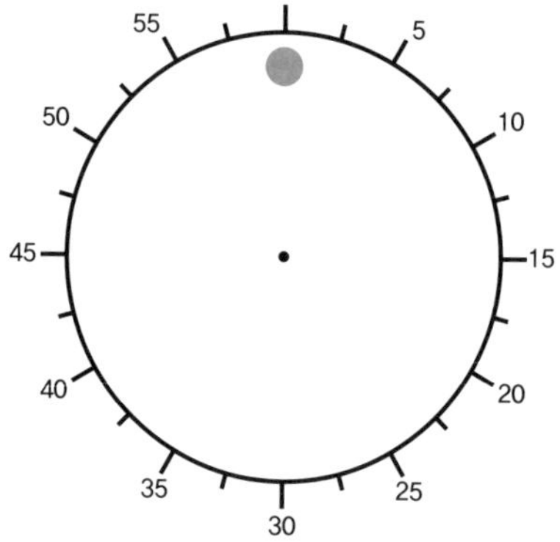

▲ 분트의 시계.

(1) 언제 손가락을 까닥이기로 결정하는지, 2.56초에 한 바퀴 회전하도록 특별 고안된 분트의 시계를 보고 보고하게 함.

(2) 뇌 신경의 활동이 언제 일어났는지 뇌파도 검사로 측정.

(3) 언제 손가락을 까닥였는지 근전도 검사(EMG, Electromyogram)로 측정.

리벳은 1, 2, 3(결정→뇌 신경→손가락 움직임)의 순서대로 세 가지 사건이 발생할 것이라 예상했다. 그런데 실험 결과 2, 1, 3(뇌 신경→결정→손가락 움직임)의 순서로 사건이 발생했다.

이 실험의 결과는 실험 당사자인 리벳을 비롯한 모든 사람을 경악하게 했다. 손을 움직이기도 전에 이미 뇌가 활동하고 있다

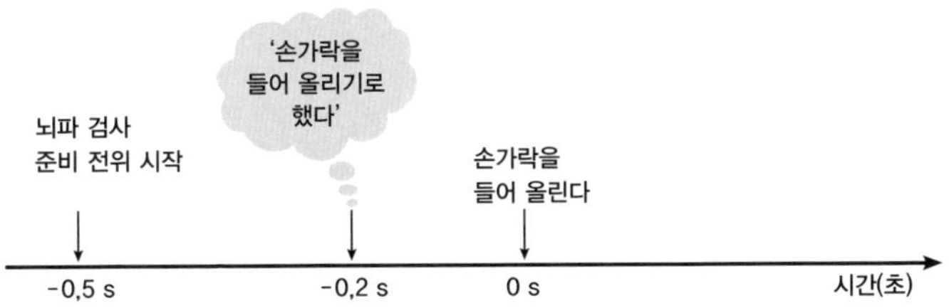

▲ 실험 결과 손가락을 들어 올리기 0.5초 전부터 뇌 신경의 활동에 따른 준비 전위가 발생했는데, 피험자들은 손가락을 들어 올리기 0.2초 전에야 손가락을 들어 올리기로 결심했다고 보고했다.

니! 손가락을 움직이게 한 것은 내가 아니라 나의 뇌란 말인가? 게다가 '손가락을 움직이자' 하는 결심조차 내가 한 것이 아니라 뇌가 조정한 것이라고? 우리가 자율적으로 발휘한다고 생각하는 자유의지는 증기기관차가 움직일 때 나는 증기 뿜는 소리나 내가 움직일 때 따라서 움직이는 그림자처럼 부수 현상에 불과하단 말인가?

자신의 실험 결과에 놀란 리벳은 세 가지 사건이 어떤 시간 경과를 따라서 일어났는지를 계산해보았다. 손가락을 움직이겠다고 결심한 것을 보고하고 실제로 움직이기까지는 0.2초가 걸렸다. 그런데 실제로 뇌 신경의 전기 신호로부터 손을 움직이게 되기까지는 0.1초 정도 걸린다고 이 실험은 밝혔다. 그러면 나머지 0.1초는 어떻게 설명할 수 있을까? 리벳은 이 0.1초야말로 이전에 내렸던 결정을 뒤집을 수 있는 자유의지가 개입되는 시점이라고 설명했다.

리벳 실험을 재연한 다른 실험의 결과는 우리를 더 놀라게 한다. 독일 막스플랑크연구소의 존딜런 헤인스(John-Dylan Haynes) 박사 연구팀은 2008년 〈인간 뇌에서 자유 선택의 무의식적 결정자(Unconscious determinants of free decisions in the human brain)〉라는 논문에서 의지에 따라 행동을 하기로 결정을 내리기 10초 전에 뇌는 이미 그런 결정을 준비하고 있다는 실험 결과를 발표했다.[2] 연구팀은 피험자 14명에게 두 손에 버튼 하나씩을 쥐고서 자기 의지에 따라 버튼 하나를 누르게 하고, 동시에 피험자들의 뇌에서 일어나는 신경 반응을 뇌 기능적 자기공명영상을 통해 관찰했다. 피험자들이 '내가 어떤 버튼을 누를지 결정했다'라고 생각하며 버튼을 누른 순간보다 10초나 먼저 손가락의 움직임을 맡는 뇌 부위에서 신경 반응이 나타났다.

리벳의 생각대로 인간의 행위에 영향을 주는 자유의지는 어떤 행위를 하게 하는 힘이 아니라 하지 않을 것을 선택하는 방식으로 드러날 수도 있다. 행위가 뇌에서 자동적으로 결정될지라도 의식을 통해 이를 제어하고 무의식적 결정이나 수행을 멈추거나 다른 방향으로 조정하는 방식으로 말이다. '거부권 행사'라는 역할은 이렇게 자유의지를 부활시킨다. 물론 이것은 우리가 보통 생각하는 자유의지보다는 아주 제한되고 약한 모습이기는 하다. 그렇다고 해도 리벳은 본디 우리의 자유의지가 손가락을 움직이게 한다는 것을 증명해 보이려고 실험을 시작했으니, 그 0.1초가 손을 움직이지 '않을 자유'가 맞다면 어쨌든 애초의 목적을 달성한 셈이다.

두산팀의 선발투수가 시합 전날로 돌아간다면, 연습량을 늘리기로 했다가도 이 결정을 '하지 않을 자유'를 발휘해 연습량을 조금 줄이자고 다시 마음먹을 수도 있었을 것이다. 우리는 밤늦게 야식을 주문했다가도 금세 건강이나 다이어트를 떠올리고는 곧바로 다시 전화를 걸어 주문을 취소하지 않는가?

하지만 이렇게 마음을 바꿀 수 있는 '하지 않을 자유'도 혹시 뇌 신경 신호에서 결정되어 있는 것이 아닐까? 만약 우리 마음이 이렇게 신경적으로 결정되어 있다면 그 결정적인 인과 고리 중 하나에 우리의 자유의지가 끼어 들어갈 여지가 정말 있을까? 또는 우리가 자유의지라고 부르는 것은 실제로는 존재하지 않는 신경 행동의 과정을 0.1초의 여유 시간을 통해 정당화하려고 만들어낸 설명이 아닐까? 만약 그렇다면 인간의 생각은 순전히 뇌가 만들어낸 것일 뿐이고, 적극적 의미의 자유의지 역시 착각일 수 있다.

십계명, 오계 그리고 하지 않을 자유

다음은 개신교에서 윤리적 규율로 받아들이는 십계명과 불교의 재가 신자가 지켜야 하는 규범인 오계(五戒)다.

십계명

1. 여호와 이외의 다른 신을 섬기지 말라.
2. 우상을 섬기지 말라.
3. 하느님의 이름을 망령되이 부르지 말라.
4. 안식일을 거룩히 지키라.
5. 너희 부모를 공경하라.
6. 살인하지 말라.
7. 간음하지 말라.
8. 도둑질하지 말라.
9. 이웃에게 불리한 거짓 증언을 하지 말라.
10. 네 이웃의 재물을 탐내지 말라.

오계

1. 不殺生戒(살아있는 생명을 죽이지 말 것)
2. 不偸盜戒(남의 것을 훔치지 말 것)

3. 不邪淫戒(정당하지 않은 성관계를 갖지 말 것)

4. 不妄語戒(거짓말을 하지 말 것)

5. 不飮酒戒(술을 마시지 말 것)

이 두 종교 계율의 공통점은 무엇일까? 그것은 대부분 '……하라'라는 긍정문보다는 '……하지 말라'라는 부정문으로 표현되어 있다는 점이다. 인간은 유전자와 신경세포를 가진 생물학적인 존재이므로 물질적 메커니즘과 완전히 독립된 자유의지를 가진다고 하기 어렵다. 리벳의 실험에서 설명이 필요했던 0.1초가 인간이 욕구와 욕망을 통제할 수 있는 '하지 않을' 자유의지의 시간이라면, 십계명과 오계는 생물학적인 한계 안에서 '하지 않을 자유'를 통해서 자유의지를 발휘할 수밖에 없는 인간 조건을 잘 표현한 계율이라 할 수 있겠다.

윤리나 도덕은 욕구나 욕망을 가지는 인간이 자유의지로 통제할 수 있는지를 시험하는 무대다. 행위가 '자유롭다'는 것은 내키는 대로 아무렇게나 한다는 것이 아니라 행위자가 의식 없이, 혹은 강요당해서 행한 것이 아니라 '선택'해서 행했다는 뜻이다. 이것은 근대 영국 경험론 철학자 데이비드 흄(David Hume)이 일찍이 자유의지를 정의한 것이다. 최면에 걸려서 한 행위나 도벽 같은 습관은 자신도 모르게 하게 된 행동이므로 자유의지에 따른 행위가 아니다. 도박하는 것은 자유의지로 하는 행위로 보이지만 도박에 중독된 경우라면 자유롭다고 볼 수 없다. 자유로운 행위란 이러한 제약들이 없는 상태에서 다른 행위를 선택할 수도 있는 경우를 말한다. 어떤 행동을 하게끔 하는 원인이 있다고 해도 다른 행위를 선택할까 말까 고민할 수 있다면 자유의지가 있다고 할 수 있다. 이러한 입장은 철학자 줄스 에이어(Jules Ayer)가 부드러운 결정론(soft determinism)이라고 칭한 것이다.•

그런데 '다른 선택을 한다'는 것이 불가능한 경우도 있지 않을까? 리벳은 우리에게 '하지 않을 자유', '다른 것을 선택할 수 있는 자유'가 있다고 했지만, 이것마저도 가지지 못했던 사람도 있다. 바로 피니어스 게이지(Phineas Gage)라는 철도 노동자의 이야기다. 게이지는 1848년 철도 공사 중 막대기가 전전두엽을 통과하는 사고로 인격이 변화되었다. 성실하던 그가 직장 동료들에게 이유 없이 행패를 부리고 욕설을 했다. 손상된 뇌 부분은 감정을 통제하는 기능을 하는 부분으로, 동일한 뇌 부분이 손상된 환자나 사이코패스 역시 똑같은 증상을 보인다.

• 결정되어 있더라도 '하지 않을 자유'는 있다는 리벳의 생각이 바로 이 부드러운 결정론에 속한다. 다른 말로 결정론과 자유의지가 공존할 수 있다는 소위 '양립론(compatibilism)'에 속하는 셈이다. 양립론은 오늘날 다수의 과학자와 철학자가 따르는 논리다.

특기할 만한 점은 이 환자들은 어떤 행동이 도덕적으로 옳은지를 가려내는 인지 테스트에서는 훌륭한 성적을 냈다는 점이다. 즉 이런 경우 이론적으로는 옳지 않은 행동을 '안 하겠다'고 의지를 가질 수는 있지만, 정작 실제 행동으로 이어지지는 않는다. 이 경우, 생각의 자유는 있되, 행동의 자유는 없는 셈이다. 이런 사람이 범죄 행동을 하려고 결심한 순간 '하지 않겠다'고 마음을 돌릴 수는 있겠지만, 정상적인 뇌 상태를 가지거나 우호적인 환경에 있는 사람보다 더 많은 힘이 들 것이다. 그렇다면 정상적인 뇌 기능을 가지는 경우 '하지 않을 자유'가 있을까?

스키너의 실험: 자발성이 자유의지는 아니다

게임 역사상 가장 유명한 퍼즐 게임 테트리스는 아래로 한 칸씩 내려오는 다양한 모양의 블록을 좌우로 움직이고 회전시켜 다른 블록 모양에 끼워 맞춰 점수를 얻는다. 이 게임을 해본 사람들이 호소하는 증상이 있다. 자려고 누워 눈을 감으면 게임 생각을 하지 않는데도 머릿속에 테트리스 게임의 화면처럼 블록들이 내려오고 자신도 모르게 그 블록들을 어떤 각도로 회전시켜야 할까 고민한다는 것이다. 생각하지 않으려고 노력해도, 우리는 스위치가 망가져서 끌 수 없는 기계처럼 머릿속에서 떨어져 내려오는 블록들을 나도 모르게 회전시키고 있다. 중독성이 강한 가요를 많이 접할 때도 마찬가지다. 그런 가요는 주로 같은 리듬이 반복되는 구조를 가지는데, 한참 들으면 머릿속에 음반을 틀어놓은 것처럼 노래가 반복해서 재생된다. '코끼리를 생각하지 마'라고 하면 오히려 코끼리만 생각하게 되는 것처럼, 원하는 것을 자유로이 떠올리는 것은 생각보다 쉽지 않다.

사실 우리의 일상 행위 가운데 4분의 3 이상은 이렇게 자동적인 행동이다. 걷고 버스를 타고 계단을 내려오고 악수를 하고 안경을 올리고 옷매무새를 바로잡는 데 필요한 손발의 움직임이나, 자전거를 타거나 컴퓨터 자판을 치거나 하는 일은 일단 배워서 익숙해지면 다리 보폭을 어떻게 할 것인지, 어떻게 균형을 잡을지, 자판에서 글자 위치가 어디 있는지를 그때그때 계산하거나 기억하지 않아도 저절로 움직일 수 있다. 의식적 훈련을 통해서 그 행위를 저절로 하도록 만든 것이다. 이런 사실을 증명한 것이 생리학자 이반 파블로프(Ivan Pavlov)의 유명한 '파블로프의 개' 실험이다. 개는 음식을 보면 본능적으로 침을 흘린다. 하지만 종소리를 듣고 침을 흘리지는 않는다. 그런데 파블로프는 음식을 줄 때마다 종소리를 들려줌으로써 종소리가 울릴 때도 자동적으로 침을 흘리도록 개를 훈련시켰다. 의식이 개입되지 않는 반사적 행동이 임의로 만들어질 수 있다는 놀라운 사실을 보여준 이 실험은 지금까지도 획기적인 실험으로 회자된다.

그런데 인간은 음식을 떠올리며 침을 흘리는 것 같은 무의식적인 반사 행동뿐 아니라 본능을 이겨내고 의지로 이루어내는 행동도 한다. 다른 동물들보다 신체 조건이 특별히 더 뛰어나지 않은 인간이 우두머리 노릇을 할 수 있는 것은 자유의지를 가지고 자발적으로 문명과 문화를 발전시켰기 때문이다. 개가 음식뿐만 아니라 종소리가 울릴 때도 침을 흘리는 것은 의식적으로 노력해서 하는 행동이 아니라 외부에서 자극이 계속 주어져서 만들어진 결과지만, 자발적인 행위들은 침 흘리기와 달리 의식적으로 해야 한다. 그런데 파블로프가 개에게 본능이 아닌 행동을 무의식적으로 하게끔 만들어낸 것처럼, 자발적이고 의식적이라고 여겨지는 행위도 만들어낼 수 있을까? 만약 그렇다면 우리가 자유의지를 발휘해서 행동한다고 생각했던 것들이 사실은 환상일 수 있다.

우리는 가지고 싶었던 선물을 받기 위해, 용돈 혹은 연봉을 올려받기 위해 더 열심히 일해 좋은 성과를 내는 경우가 있다. 공부할 때마다 맛있는 음식을 주어서 공부를 하게 하는 파블로프식의 방법이 아니라, 자발적으로 공부를 열심히 하도록 동기나 환경을 제공해서 행동을 유도하는 방법이다. 이런 방법으로 행동을 만들어낼 수 있을까? 이것이 바로 행동주의 심리학자 버러스 프레더릭 스키너(Burrhus Frederic Skinner)가 못내 궁금해했던 점이다. 스키너는 쥐를 상대로 실험을 해보았다. 지렛대가 있는 상자 안에 쥐를 넣고 지렛대를 누를 때 먹이를 보상으로 제공했다. 그리고 지렛대를 누를 때 먹이를 주는 빈도수를 바꾸어가면서 얼마나 자주 지렛대를 누르는지 관찰했다. 여기서 스키너는 파블로프의 실험과는 다른 뜻밖의 결과를 발견하고 놀랐다. 쥐가 지렛대를 누를 때마다 음식을 주는 것이 아니라 어쩌다 한번 주면 지렛대를 누르는 행위가 줄어들 것이라고 예상했지만, 음식을 매번 주지 않는데도 쥐가 계속 지렛대를 눌렀기 때문이다.

이런 반응은 우리가 재미있는 인터넷 게임이나 도박에서 높은 점수를 딸 확률이 매우 낮은데도 몇 번 승리해본 경험을 떠올리며 똑같은 행동을 반복하는 중독 행위와 비슷하다. 지속적이지 않지만 가끔이라도 이익이 되면 그것을 얻기 위한 행동을 하게 되는 것이다. 이런 특징 때문에 스키너의 실험을 '조작적 조건화(operational conditioning)' 실험이라고 부른다. 그러니까 우리는 인터넷 게임이나 도박을 자발적으로 하지만, 자발적 행동을 한다고 해서 반드시 자유의지를 가지는 건 아니라는 뜻이다. 즉, '자발적인 것'과 '자유의지를 가지는 것'은 다르다.

자발적이지만 자유의지는 아닌

스키너의 실험은 우리가 자발적으로 선택하는 행위들이 반드시 자유로운 건 아니라는 다소 우울한 결과를 보여주었지만, 긍정적 방향으로 사용할 수 있다. 스키너 실험을 따르자면, 도박이나 인터넷 중독은 중독된 사람의 자유의지나 본성이 그렇게 만든 것이 아니라 그런 행위를 하게끔 만들어진 환경 때문일 수 있다. 그래서 스키너는 《과학과 인간 행동(Science and human behavior)》(1953)이라는 책에서 "행동을 통제하는 데 형벌은 놀랄 만큼 효과가 없다"라고 한다. 대신 긍정적 환경을 만들어 좋은 강화를 주면 인간이 도덕적으로 선하게 되고, 모두가 행복한 이상 사회를 건설할 수 있지 않겠는가?

이런 스키너의 꿈은 그의 소설 《월든 2(Walden two)》(1948)에서 가상으로나마 실현된다. 언어학자 놈 촘스키(Noam Chomsky)는 스키너의 과학적 이상 사회를 그린 이 소설이 출간되자 맹렬한 비판을 퍼붓는다. 하지만 이론적으로 맞느냐 맞지 않느냐의 논쟁은 실용적인 혜택에 비하면 무의미했다. 스키너의 행동 원리를 활용한 치료법은 당시 정신병 중증 환자들이 일상적인 행동을 할 수 있도록 하는 데 좋은 효과를 보였던 것이다. 그렇다면 약물이나 담배, 게임 중독자는 '의지'가 부족한 것이 아니라 '환경'의 변화가 필요한 것이 아닐까?

우리 행동이 환경에 의해 만들어진다면, 나의 모든 행동은 의식적으로 일어나는 것이 아닐지도 모른다. 이 주제와 관련해 시사점을 던져주는 사건이 2004년 이라크 아부그라이브 교도소에서 벌어졌던 미군들의 이라크 포로 학대 사건이다. 일부 미군은 발가벗겨진 이라크 남자의 목에 줄을 매달아 마치 개를 끌고 가는 듯한 모습을 보이는 등 가혹한 행위를 흥밋거리로 연출했다. 전 세계의 많은 사람을 충격에 빠뜨린 이 사건에서, 미군들은 인간의 가치를 저버린 소수의 예외적인 인간들인가, 아니면 감옥이라는 상황에서 그렇게 행동할 수밖에 없는 인간 본연의 모습을 보여준 것일까?

우연하게도 이와 유사한 상황이 1971년 스탠퍼드 대학교의 심리학과 교수 필립 짐바르도(Philip Zimbardo)의 심리학 실험에서 연출된 적이 있다.[3] 신체적, 정신적으로 건강하고 중산층 가정 출신이면서 좋은 교육을 받은 남성 대학생들을 피험자로 선발하여 교도소의 교도관과 수감자의 역할을 하게 한 이 실험은 예측을 벗어난 방향으로 진행되었다. 교도관 역할을 맡은 학생들은 실험이 시작되고 얼마 지나지 않아 수감자 역할을 맡은 학생들을 언어적, 신체적으로 학대하게 되었는데, 이 실험을 이끈 짐바르도조차도 예상을 훨씬 넘어서는 가혹 행위 상황에 매몰된 채 실험을 멈추지 않았다. 짐바르도의 실험은 실험실을 방문한 외부인으로 인해서 계획된 실험 종료 날짜 이전에 중지되었다.•

풍족한 가정에서 자라 높은 수준의 교육을 받은 피험자들이 어떻게 뇌 손상을 입은 사이코패스들이 할 법한 행위들을 자발적으로 할 수 있었을까? 스키너의 이상에 따르면 미군이나 교도소 실험의 교도관 역할을 맡은 학생들의 행동은 환경 탓이므로 그들은 아무런 도덕적 책임을 지지 않아도 될까? 여기서 '자발성'과 '자유의지'를 구분해보자. 이들은 분명히 누가 시켜서 한 것이 아니라 '자발적'으로 '의지를 가지고' 행동했지만, '자유의지'를 발휘한 건 아니다. '자발성'과 '의지'는 '자유의지를 가진다는 것'과는 전혀 다른 것이다. 그러나 아무런 방해 요건 없이 자유의지를 완전히 발휘한 것은 아닐지라도 도덕적 책임을 져야 할 상황이 있다. 모진 고문을 받았어도 신념을 버리지 않는 숭고한 행위처럼, 인간에게는 자유의지가 없는 상황에서도 자신의 신념에 따라 자발적으로 선택할 가능성이 있는 것이다.

• 필립 짐바르도가 저술한 책《루시퍼 이펙트》(웅진지식하우스, 2007)는 자신의 과거 실험을 토대로 이라크 포로 학대 사건을 분석한 내용이다. 스탠리 밀그램(Stanley Milgram)의 전기 충격 실험도 유사한 실험이다.

신경결정론 뒤집기

리벳의 실험을 비롯한 뇌 영상 실험은 우리의 행동이 자유의지라는 토대 위에서 일어나는 것이 아니라는 점을 조명하며 많은 사람에게 충격을 주었다. 뇌 신경세포 사이를 흐르는 화학물질이 내 생각과 마음을 결정한다면 내 행동에 대한 책임은 내가 질 필요가 없는 것처럼 들린다. 만약 '하지 않을 자유'조차도 뇌 신경 작동으로 통제된다면 자유의지는커녕 '마음'이라는 것도 없다! 우리는 결국 뇌 신경과 세포, 유전자 들로 이루어진 일종의 기계인 셈이다.

만약 이 가정이 사실이라면, 눈에는 눈, 이에는 이 식의 복수극이 '자연스럽게' 매일매일 펼쳐질 것이다. 살인은 살해범이 신경의 작동에 따라 '자연스럽게' 행한 것이고, 피살자의 부모는 자신의 자식을 살해한 자에 대한 '자연스런' 분노로 인해 그 살해범을 살해하는 등 살인이 무한히 정당화될 것이기 때문이다. 사소하게는 붉은색에 더 잘 반응하는 뇌 신경세포 때문에 빨간색이 들어간 상품을 자꾸 사게 되는 과소비도 자제할 이유가 없게 된다.

어떤 행동이 유전자와 뇌 신경의 작동으로 인한 것일 뿐임을 증명하는 듯한 리벳의 실험은 그 이면에 조금 더 생각해야 할 것들이 남아 있다. 리벳의 실험에서 피험자가 보고한 시간이 정말 피험자들이 '손을 까닥하겠다'라고 결심한 순간이란 걸 어떻게 알 수 있을까? 내 경험은 적어도 나 자신에게는 확실한 것 같지만, 눈을 감은 사람의 몸에 얼음을 갖다 대며 이를 칼이라고 하면 차가움 대신 아픔을 느끼는 등 '나'의 느낌에도 오류가 속출한다. 리벳 실험에서도 결정의 순간이 정확하게 측정되었다는 보장은 없다. 리벳 실험에서 움직이려는 '의도'가 언제 일어나는지를 알기 위해 측정하는 '준비 전위(readiness potential)'는 결정의 순간이 아니라 '조금 후에 손가락을 움직이도록 해야겠다' 하는 상태와 관련될 수도 있다.

일상생활에서 손가락을 움직이는 경우와 실험 상황에서 손가락을 움직이는 경우가 겉으로 보기에는 똑같은 '손가락 움직임'으로 보인다. 하지만 '의도'가 개입되는가 아닌가의 관점에서는 두 상황이 전혀 다르다. 아무 계획 없이 즉흥적으로 손가락을 움직인 것과 '조금 있다가 자유롭게 손가락을 움직여봐'라고 해서 움직이는 행동은 다르다. '조금 있다가 손가락을 움직여야 한다'라는 사실은 손가락을 움직이기 바로 전까지 망각해서는 안 되므로 본격적으로 움직이자는 결심을 하기 전에도 '자유롭게 손가락을 움직여야 한다'는 사실을 의식하고 있어야 한다.

정말 순수하게 '자유의지'대로 손가락을 움직이게 하려면 손가락을 움직여야 한다는 지시사항마저도 없어야 한다. 그런데 리벳의 실험은 그런 순수한 자유의지를 측정할 수 있는 상황이 아니다. 피험자는 실험자의 지시를 따르게 되어 있지만, 손가락을 움직이려고 결심해 준비 전위가 일어난 후에 먼지가 눈에 들어가거나 하는 이유로 주의가 흩어져서 손가락을 미처 움직이지 못할 수 있고, 피험자가 실험을 그만하기로 마음먹을 수도 있다.

그렇다면 준비 전위가 손가락을 움직이자는 결심과 관련이 있는지 없는지도 검증해볼 필요가 있다. 만약 '이제 손가락을 움직이자' 하는 결심이 없는데도 준비 전위가 뇌에서 나타난다면 준비 전위는 손가락 움직임과 반드시 관련 있다고 볼 수는 없을 것이다. 이를 알아보려고 2008년 발표된 한 실험에서 크리스토프 헤르만(Christoph Herrmann)의 연구팀은 피험자가 컴퓨터 모니터 앞에 나타나는 도형들을 본 후 그 도형의 모양에 따라서 왼쪽이나 오른쪽 단추를 누르게 했다.[4] 미리 특정한 손가락 움직임을 계획하지 않도록 상황을 만들어놓은 것이다. 실험 결과, 피험자들의 뇌 신경은 특정 모양의 도형이 모니터에 나타나기도 전에 활동했다! 어느 쪽 버튼을 누를지를 '결정'하기도 전에, 그 결정을 위해 모니터의 도형을 보기 전에 일찍이 준비 전위가 나타났다. 막연히 '손가락을 움직이는 것' 혹은 '버튼을 누르는' 것을 마음에 상상하거나 집중하고 있는 것만으로도 준비 전위가 발생한다는 것이다. 그렇다면 뇌 신경이 우리의 선택을 좌지우지하는 것이 아니라 우리의 정신이 자유의지를 발휘해서 뇌 신경을 움직이게 한다는 상식이 맞다고 해야 할까?

자유의지가 있다고 생각할 때와 자유의지가 환상이라고 생각할 때 인간의 행동은 아주 큰 차이를 보인다. 미네소타 대학교의 캐슬린 보스(Kathleen Vohs)와 캘리포니아 산타 바버라 대학교의 조너선 스쿨러(Jonathan Schooler)는 2008년에 〈자유의지를 믿는 것의 가치(The Value of believing in Free Will)〉라는 논문에서 신경결정론에 대한 믿음을 장려할수록 부정행위가 증가한다는 연구 결과를 발표했다.[5] 그들은 "자유의지는 지성인들이 더는 진지하게 받아들이지 않는 옛날 옛적 개념이다"라는 글을 읽은 집단과 읽지 않은 집단에게 수학 문제를 풀게 했다. 그 결과 자유의지는 존재하지 않는다는 글을 읽은 집단은 다수가 부정행위를 했는데, 자유의지가 없다는 글을 읽기 전보다 부정행위의 횟수가 월등하게 많았다. 이렇게 '자유의지'는 우리 삶을 윤리적으로 이끌어가는 데 매우 유용한 개념이다.

보스와 스쿨러의 실험은 인간이 윤리적으로 책임 있게 행동할 수 있는 심리적 조건들을 자세히 들여다보게 해준다. '자유의지'가 환상이라 하더라도 그 환상은 우리가 발 딛고 있는 사회가 더욱 건강하게 굴러갈 수 있도록, 더 적극적이고 성실한 삶을 살 수 있도록 해주는 힘이 되기 때문이다.

앞에서 언급한 실험들이 자유의지의 유무를 결정할 수는 없다. 하지만 우리 인간의 행동이 어떤 심리적 근원과 모양새를 가졌는지 알면 처벌로 구성된 사회 질서 시스템보다 더욱 효과적이면서 긍정적인 방식으로 행동의 개선을 도울 바탕을 마련할 수 있다. 한 사람의 행위에 대한 책임을 물을 때 그 사람이 '다른 것을 선택할 수 있는', 즉 '하지 않을 자유'가 있는 뇌 신경의 상태에 있는지, 또 다른 대안이 허용되는 사회적, 문화적 상황에 있는지도 고려하는 방향으로 말이다.

CHAPTER 4

판단하는 도덕, 느끼는 도덕

도덕은 느껴지는 것이지 판단하는 것이 아니다.

—**데이비드 흄, 《인간 본성에 관한 논고》**

트롤리의 딜레마

우리는 매일 매 순간 무언가를 결정한다. 오늘 점심은 된장찌개를 먹을까, 비빔밥을 먹을까? 주가가 바닥을 쳤다는데 주식을 살까, 말까? 버스를 탈까, 지하철을 탈까? 우리가 무언가를 판단하고 결정할 때 사고의 과정을 거쳐 결단에 이르는 시간은 몇 초 혹은 몇 분에 불과하다. 특히 내가 직접 행동으로 개입해야 하는 도덕적 판단은 더욱 그렇다. 우리는 신속하게 결정을 내리고, 특별한 요소가 개입되지 않는 한 한번 내린 도덕적 판단을 뒤집는 경우는 드물다. 유사한 상황을 이전에 경험해서일 수도 있지만 새로운 상황에 부딪쳐도 마찬가지다. 우리는 어떤 것이 옳고 그른지 본능적으로 알고 있는 걸까?

이러한 도덕적 직관*이 어떻게 생겨나는지를 시험대에 올린 유명한 사고실험이 트롤리의 딜레마(trolley's dilemma)다. 이 딜레마의 기본 문제는 "다섯 사람을 구하기 위해 한 사람을 죽이는 것이 도덕적으로 허용될 수 있는가?"다. 이 문제는 철학자 주디스 톰

프슨(Judith Thompson)이 〈죽이거나, 죽게 두거나, 트롤리 문제(Killing, letting die, and the trolley problem)〉(1976)라는 논문에서 처음 제시한 상황으로, 다음의 두 가지 딜레마로 제시된다.[1]

상황 1: 선로변환기 시나리오

전차는 선로를 따라 달려가고 있고, 저 앞의 선로 위에서는 인부 5명이 작업을 하고 있다. 당신은 전차 운전자로부터 '브레이크 장치가 고장 났다'라는 전갈을 듣고 상황을 보러 선로 밖에 서 있다. 전차가 인부 5명을 치지 않도록 하려면 옆에 있는 선로변환기의 레버를 당기면 되지만, 그러면 다른 선로에서 일하고 있는 인부 1명이 죽게 된다. 3초 후면 전차가 다섯 사람을 덮치는 일촉즉발의 상황이다. 당신은 선로변환기 레버를 당길 것인가, 아니면 그대로 내버려둘 것인가?

여러 사람에게 이 질문을 했을 때, 설문 참여자의 4분의 3이 훨씬 넘는 85퍼센트가 레버를 당길 것이라고 답했다. 레버를 당긴

• '직관(intuition)'에 대한 보편적 정의는 없지만, 보통 추리 같은 숙고 과정 없이 마음에 자발적으로 떠오르는 생각을 의미한다. 영어로 '내장 감정(gut feeling)'이라고 하기도 한다. 직관이 작동하는 메커니즘이 빠르고 자동적이기 때문에 종종 그 본성을 정서적인 것으로 생각하지만, 직관이 정서적 반응인지 인지적 반응인지는 여전히 논쟁 중이다.

▲ 트롤리의 딜레마, 선로변환기 시나리오.

다고 결정했을 경우, 그다음 질문은 "왜 그렇게 결정했는가?"였다. 대다수의 사람은 "한 사람보다 더 많은 다섯 사람을 살릴 수 있으니까"라고 대답했다.

그렇다면 이들은 최대한 많은 사람을 살리는 것을 최우선의 도덕 가치로 둔 것일까? 과연 그런지는 유사하지만 약간 다른 딜레마 상황을 설정하면 알 수 있을 것이다. 연구자들은 같은 설문 참여자들에게 다음의 시나리오를 들려주고 어떻게 할 것인지 선택하게 했다.

상황 2: 육교 시나리오

전차는 선로를 따라 달려오고 있고, 앞쪽 선로에는 다섯 사람

▲ 트롤리의 딜레마, 육교 시나리오.

이 있다. 당신은 선로를 가로지르는 육교 위에 서 있고, 바로 옆에는 상당히 무거운 사람이 한 명 서 있다. 다섯 사람을 구하는 유일한 방법은 옆에 서 있는 사람을 아래로 밀쳐서 그 무게로 전차를 멈추게 하는 것이다. 당신은 이 무거운 사람을 아래로 떠밀 것인가, 그대로 있을 것인가?

이 상황에서 설문 참여자의 12퍼센트만이 무거운 사람을 떠미는 행위가 도덕적으로 허용될 수 있다고 대답했다. 결과만 놓고 보면 두 시나리오 모두 '한 사람을 희생시켜 다섯 사람을 구할 것인가'라는 내용이다. '다섯 사람이 죽게 됨'과 '한 사람이 죽게 됨'이라는 두 상황 사이의 딜레마라는 점에서 같은 구조를 가지는 이야기다. 그런데 상황 1과 상황 2에서 다섯 사람을 구하는 선택을 하겠다는 이는 각각 85퍼센트와 12퍼센트로 큰 차이를 보였다. 어떤 점이 설문 참여자에게 다른 결정을 내리게 했을까? 대다수의 참여자가 선로변환기 시나리오에서는 한 사람이 희생하는 쪽을 선택하면서, 육교 시나리오에서는 왜 똑같은 선택을 하지 않는가?

첫 번째 시나리오에서 참여자들은 한 사람을 희생시킬 수 있었던 이유로 "다섯 사람을 살릴 수 있다"라는 점을 제시했다. 그러나 두 번째 시나리오에서는 다섯 사람을 살릴 수 있는데도 무거운 사람을 밀어뜨리는 선택을 하지 않았다. 일관적이지 않은 참여자들의 선택을 어떻게 이해할 수 있을까? 참여자들은 선택한 이유를 댈 때 거짓말을 하는 것일까, 아니면 합리적 이유 없이 그때그때 다른 도덕적 판단을 내리는 것일까?

나는 이성적이다, 고로 판단한다

플라톤과 이마누엘 칸트는 냉정한 '이성'이 변덕스러운 '감정'을 통제해서 도덕 판단이 가능해진다고 생각했다. 이런 전통적인 생각은 꽤 오랫동안 유행했다. 1930년대에 시작된 인지과학도 초기에는 감정과 의지처럼 인간미가 풍기는 측면은 배제한 채 '인지'에 국한하여 연구를 진행했다. 이런 점에서 보면 20세기에 등장한 인지과학은 17세기 근대 철학자 데카르트의 생각에서 한 걸음도 나아가지 못했다. 데카르트가 1637년 《방법서설(Discour de la Méhode)》에서 "나는 생각한다, 고로 존재한다"라고 말했을 때 '생각하는 존재'는 아름다운 음악을 듣고 감동하거나 장미 가시에 찔려 아픔을 느끼거나 석양을 바라보고 숭고함을 느끼는 감정을 가진 존재가 아니라, 추론하고 계산하는 '이성적'인 존재다.

트롤리 딜레마의 설문 참여자들이 데카르트식의 이성적 존재라고 가정하면 다음의 설명이 가능하다. 첫 번째 상황, 즉 선로변환기 시나리오에서 다섯 사람을 위해 한 사람을 희생하는 것이 설문 참여자 대다수에게 도덕적으로 호소력이 있었던 것은 다른 선로에 있던 한 사람의 죽음을 수단 삼아서 다섯 사람을 구한 것이 아니었기 때문이다. 그들은 그 한 사람의 존재가 없더라도 다섯 사람을 구하기 위해 선로 변경 레버를 잡아당겼을 것이다.

육교 시나리오에서의 선택은 어떻게 설명할까? 이 상황에서 육교 위에 서 있는 무거운 사람을 밀지 않으면 다섯 사람의 생명을 구할 수 없다. 즉 무거운 사람을 수단으로 사용할 수밖에 없다. 무거운 사람을 밀지 않겠다는 응답이 대다수였던 것은 육교 위의 한 사람을 육교 아래의 다섯 사람을 구할 수단으로 생각하기를 꺼리기 때문이다. 칸트식으로 표현하자면 "사람을 수단이 아니라 목적으로 취급해야 한다"라고 생각하기 때문인 것이다. 그러므로 참여자들이 두 시나리오에 대해 그와 같은 반응을 보인 것은 오히려 당연하고 일관적이다.

그런데 트롤리 딜레마에 관한 설문 결과가 이성적 판단 과정을 거쳐 내려진 것이 맞을까? 칸트적인 이성 원리를 적용해 그럴듯하게 설명은 할 수 있었다. 그러나 연구자들이 정작 마음에 걸려 한 것은 설문 참여자들의 또 다른 반응이었다. 어떻게 그런 결정을 내렸는지를 묻는 질문에, 대다수는 자신들의 결정과 특별한 관련이 없는 이유를 대거나 이유를 모르겠다고 대답했다. 육교 위의 사람을 수단으로 삼지 않기 위함이라는 설명은 정당화를 위한 설명이지, 참여자들이 제시한 설명은 아니었다.

그래도 참여자들이 이성적이고 합리적인 계산과 사고 과정을 거쳤을 수 있지 않은가? 하지만 우리가 어떤 문제에 대해 '판단'을 내리기 위해서는 그 문제와 관련된 요소들을 고려해서 따져보아야 한다. 즉 관련된 요소로 무엇이 있으며 그것들의 특성은 어떠한지, 요소 간의 관계는 어떻게 구성되어 있으며 변수는 없는지 등을 인지하고 고려해야 한다. 우리는 집중해서 보기만 하면 대상이나 상황을 비교적 완벽하게 파악할 수 있다고 생각한다. 하지만 우리의 집중력이나 기억력은 양적으로도 질적으로도 매우 제한되어 있다. 예컨대 우리가 한 번에 기억할 수 있는 숫자는 평균 7개이고, 그 위아래로 2개가 적어지거나 많아지는 범위를 벗어나지 않는다. 방금 들은 이야기를 몇 초 내에 전달하는 일에서도 우리 기억의 미약함을 확인할 수 있다. 올바르게 전달했다고 믿었지만 나 자신도 모르는 새 이야기를 재구성해서 전달했을 확률이 아주 높은 것이다. 우리는 희로애락과 자아를 가진 인간이기에 자신의 가치관이나 감정, 편견, 혹은 주변 환경에 따라 동일한 대상을 다르게 보기도 한다. 인지의 이런 한계들은 이성적 계산을 하기 어렵게 만든다.

한 행위가 다른 행위보다 더 합리적인지 아닌지를 완전하게 판별하려면 무수히 많은 경우를 모두 따져보아야 하는데, 계산해야 할 항목들의 수는 무한하고 시간도 무척 오래 걸린다. 아마 평생을 계산해도 끝이 나지 않을 것이다. 인간의 인지능력은 무한하지 않으므로 적당히 제한해서 계산을 한다고 해도 꽤 시간을 투자해야 할 것이다. 그런데 트롤리 딜레마의 두 가지 시나리오에서 참여자들은 신속하게 판단을 내렸다. 그렇다면 도덕 판단은 이성적이고 합리적인 과정을 거쳐 이루어진다고 보기 어려울지도 모른다.

이런 참여자의 반응은 딜레마 시나리오가 만들어진 미국 문화권에서만 통하는 이야기가 아닐까? 도덕 판단은 문화마다 달라지는 것일지도 모른다. 다른 문화권의 사람이나 다른 연령대, 다른 성별, 다른 민족은 다른 사고방식을 가지고 있을 것이니 말이다. 이를 궁금히 여긴 인지과학자 마크 하우저(Mark Hauser)는 설문 참여자의 성별, 나이, 문화권, 인종 및 민족을 달리하여 교차 실험했고, 그 결과 모두 유사한 응답률이 나왔다.[2]

도덕 내장이 반응하다

우리는 특정 냄새를 맡으면 구역질을 하기도 하고, 보고 싶지 않은 행동을 보면 혐오감을 느끼기도 한다. 왜 그런 반응을 보이는지 물어봐도 합리적 이유를 듣기 어려울 것이다. 동물과의 성관계, 잔혹한 폭력, 원숭이 골을 먹는 것 등은 거의 모든 사람이 '역겹다'라고 할 일이다. 그럼 이런 일들은 자연스러운 것이 아니라 비도덕적인 일인가?

수십 년을 도덕 판단과 의사 결정 연구에 매진한 버지니아 대학교 심리학자 조너선 하이트(Jonathan Haidt)는 2001년 쓴 논문 〈정서적인 강아지와 그 이성적 꼬리(The emotional dog and its rational tail)〉에서 사람들이 자신의 도덕 판단에 대해 어떤 합리적 이유를 제시하는지를 연구했다. 근친상간이 왜 비도덕적인지 묻는 연구에서,

학생들은 "기형아를 출산할 위험이 있잖아요"와 같은 학습된 지식이나 "더는 남매 관계를 유지하기 어려울 것 같아요"라는 이유를 제시했다. 하지만 기형아를 출산하지 않고 가족 관계도 잘 유지가 된다면 어떨까? 그렇다고 해도 학생들은 "어…… 그게…… 뭐라 말하기는 어렵지만 그래도 어쨌든 잘못된 것 같아요"라고 답했다. 이것이 하이트가 말한 '도덕적으로 말 막힘(moral dumbfounding)'에 빠진 상태다.

어떤 상황에 직면해서 화를 내거나 역겨움을 느끼는 등 감정적 반응을 하는 것은 밟으면 꿈틀하는 지렁이의 자동 반응 같은 것이지, 그 상황을 받아들일 수 있는지 없는지를 고민해서 나온 것이 아니다. 무릎뼈 아래를 쳤을 때 정강이 부분이 저절로 올라가는 반사운동에 대해서 '당신은 다리를 왜 움직였냐'고 묻는 것이 의미가 없듯이, 이런 자동적 반응에 왜 그렇게 반응하는지를 묻는 것은 어색하다. 앞의 실험에서 학생들이 근친상간이 왜 역겨운지에 대해 기형아 출산과 같은 이유를 제시한 것은 도덕 판단이 다 끝난 후 이를 설명하기 위해 이성적 판단을 사용한 사후(post facto) 정당화일 뿐, 진짜 이유와는 아무런 관련이 없을 수 있다.

이런 특징 때문에 하이트는 "도덕적 판단을 내리는 사람은 과학자보다는 변호사에 더 가깝다"고 비유한다. 과학자들이 어떤 사실이나 대상을 발견하려 하는 것처럼, 우리는 이미 존재하는 도덕적 사실을 찾아내서 그것대로 행동하려 한다고 생각한다. 반면, 변호사는 자신이 맡은 사건이 어떤 내용이든, 피의자가 부정직하든 결백하든 상관하지 않고 다만 변호를 하기 위해 모든 수단과 정당화를 동원한다. 하이트에 따르면 인간은 혐오감을 이성적으로 정당화할 이유를 찾아 만드는 변호사에 가깝다. 근친상간이 왜 나쁜가의 질문에 대한 학생들의 대답은 그럴듯하게 들리긴 하지만 도덕적 판단과 썩 잘 조응하지는 않는다.

원숭이 골을 먹는 것에 역겨움을 느끼는 것처럼 도덕적 감정의 '어쩔 수 없음'은 우리가 착시를 볼 때 경험하는 '어쩔 수 없음'과 비슷하다. 뮐러-라이어 착시에서 두 선분의 길이는 실제로 같지만 양옆의 날개가 안쪽으로 향해 있는 선분의 경우 날개가 바깥으로 향해 있는 선분보다 짧아 보인다. 두 선분의 길이가 실제로 정확히 같다는 사실을 알고 난 후에도, 두 선분의 길이를 똑같이 보려고 애써도 여전히 다르게 보인다. 이렇게 우리의 지각은 우

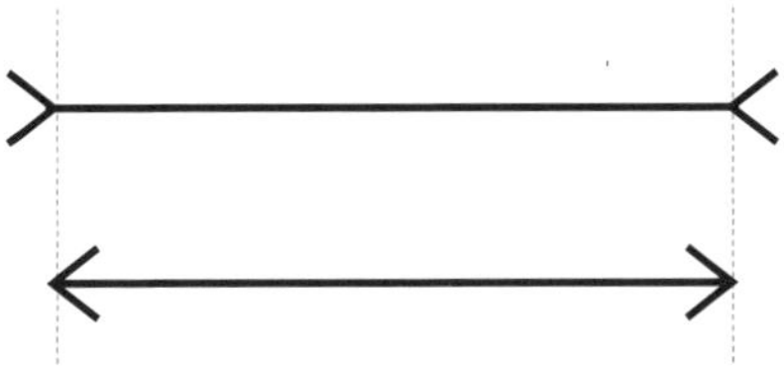

뮐러-라이어 착시 그림.

리가 아는지 모르는지와 상관없이 작동한다. 도덕적 판단도 어떤 이성적 이유와 상관없이 우리 마음이 그렇게 결정하게 되어 있는 건 아닐까?

진화심리학자 스티븐 핑커(Steven Pinker)는 2008년 《뉴욕 타임스》에 실은 글 '도덕 본능(The Moral Instinct)'에서 이 질문에 '그렇다'라고 답했다. 우리 인간이 언어 구사의 본성을 타고난 것처럼 도덕 본능도 타고난 것이라는 내용이다. 언어학자 놈 촘스키는 우리 안에 이미 보편 문법(Universal Grammar, UG)이 내재되어 있고, 이 문법이 결정적 시기(critical period)에 피어나면서 언어를 학습하도록 해준다고 했다.[3] 이 보편 문법에 비견될 만한 '도덕 문법'도 우리 안에 있을까? 조지타운 법학 대학교 교수인 존 미카일(John Mikhail)은 촘스키의 보편 문법 같은 '보편 도덕 문법(universal moral grammar, UMG)'이 있고, 언어에서의 통사론, 의미론, 화용론처럼 도덕 판단도 여러 규칙이 있다고 주장했다.[4]

이런 규칙들이 어떻게 도덕을 만드는지를 간략히 살펴보자. 문방구에서 파는 건담 로봇이 변신 가능한 세 가지 모습 중 하나의 로봇을 만들 수 있듯이, '보편 도덕 문법'이라는 패키지에는 '원리'들이 있고 구체적 상황에 따라 달라지는 '매개변수' 같은 것들이 갖추어져 있어서 이것들만 가지면 문화권마다 조금씩 다르기는 하지만 근본 성질은 같은 여러 도덕 체계가 만들어질 수 있다.

그래서 이런 보편 도덕 문법은 다양한 문화권에서 모두 근친상간이나 지나친 폭력에 혐오감을 느끼게 만들 것이다. (물론 감정을 느끼는 뇌의 영역이 손상된 사람은 즐거워하기도 한다.) 에드워드 윌슨(Edward O. Wilson)은 이런 기본 감정들은 뇌 안에서 이미 그렇게 반응하도록 설계되어 있어서 외부 상황에 대한 반응을 무의식적으로 검열해서 조절한다고 주장한다.

그렇다면 이것은 '문법'처럼 형식적이고 정신적인 도구를 넘어서서 자율신경에 의해 움직이는 우리 몸 안의 장기들과 유사하다. 손이나 발은 우리 의지대로 움직일 수 있어도 간이나 심장은 우리의 의식과 상관없이 자율적으로 움직인다. 마크 하우저가 비유한 것처럼 무의식적으로 반응하는 도덕 감정들도 심장과 같은 일종의 '도덕 장기(moral organ)'에 더 가깝다.

우리는 어떤 도덕 장기를 몸에 지니고 있길래 트롤리 딜레마의 시나리오 내용이 바뀔 때 다른 선택을 하게 될까? 선로변환기 시나리오에서 만약 두 번째 선로에 내가 모르는 인부 대신 나의 친구나 가족 한 사람이 있다고 하자. 그 경우도 마찬가지로 다섯 사람을 살리자고 할까? 아니다. 무조건 한 사람을 살릴 것을 선택할 것이다. 또 육교 위에 있는 무거운 사람 대신 무거운 돌덩이가 있다고 하면 어떨까? 거의 모든 설문 참여자가 돌덩이를 아래로 떨어뜨리겠다고 응답할 것이다.

왜 그런가? 진화론적 설명에 따르면 혈연관계에 있거나 친분이 있는 등 가까운 사람을 구할 때 자신의 생존 가능성이 높아지므로 그런 신경 구조가 선택되었다고 한다. 반면 혈연관계에 있지 않거나 멀리 떨어진 관계의 사람 혹은 물체에 대한 도덕적 본능은 상대적으로 긴박함이 떨어지고 그래서 정서적 반응도 덜 일어난다는 것이다. 생존 가능성 때문에 발달된 이런 감정은 자연스러운 결과라고 한다. 나와 사회적 관계에 있지 않은 큰 바위에서부터 잘 모르는 사람, 내 몸 가까이 있는 사람, 내가 잘 아는 사람이나 가족 순으로 살릴 가능성은 커지고, 도덕적 판단을 내릴 때 감정이 작용하는 뇌 영역의 신경도 더 활성화된다.

변화무쌍하고 비합리적으로만 생각되는 감정은 도덕적 판단 외의 일반적인 의사 결정에서도 힘을 발휘한다. 우리는 똑같은 쓰임새의 상품을 고를 때 성능보다는 디자인이나 색깔 등 느낌이 좋은 것을 선호하는 경우가 있다. 경제학자인 조지 로웬스타인(George Loewenstein)은 〈경제 이론과 경제 행동에서의 감정(Emotions in Economic Theory and Economic Behavior)〉(2000)이라는 논문에서 이를 '내장의 유혹(attraction of the visceral)'이라 불렀다. 내장의 유혹을 따른다고 해서 그 상품을 잘못 골랐다고 할 수는 없다. 정서적 상태를 이유로 삼는 것이 비합리적이지는 않다고 선수를 친 사람은 17세기의 감정 전문 철학자 데이비드 흄이다. "내 손가락의 상처보다 전 세계의 멸망을 더 원하는 것이 이성과 모순되지 않는다." 이 말은 흄이 오랜 역사에 걸쳐 권좌에 올랐던 이성의 맹점을 예의를 갖추어 온건하게 표현한 것이다.

근친상간이나 심각한 폭력, 원숭이 골을 먹는 행위 등에 대해 우리의 도덕 장기는 화나 역겨움 같은 부정적인 도덕 감정을 일으키며 반응한다. 그런데 이렇게 몸에서부터 경험되는 도덕 감정은 부정적인 종류만 있는 것이 아니다. 긍정적인 도덕 감정도 있다. 중국 철학자 맹자는 우물에 빠지려는 어린이를 구하려는 '측은지심'을 이야기한다. 그것은 타인의 아픔을 공감하는 기본적인 도덕 능력이자 도덕 감정이다. 감정은 합리적 의사 결정이나 성공적인 도덕적 행위를 수행하는 데 꼭 필요한 요소일 수 있다. 우리는 신문에서 어떤 사람이 부당하게 폭력을 당하거나 부당한 대우를 받았다는 기사를 읽으면 그 사람이 겪었을 고통을 공감하고 불쾌감이나 혐오감 같은 감정을 느낀다. 이 불쾌감은 부당한 대우를 가한 사람에 대한 도덕적 불쾌감이다. 우리가 이러한 공감이라는 심리적 성향을 가지고 있지 않다면 우리는 '바람직한 것', '덕', '정의'라는 단어들을 사용하지도 않았을 것이고, 법적인 체계를 만들어서 타인에게 불쾌감을 주는 이를 처벌할 필요도 없었을 것이다.

만들어진 도덕 본능

도덕 판단을 할 때 자신의 감정을 따라가는 것이 여러 요소를 살펴보고 따져보는 것보다 효과적일까? 사람들의 도덕 판단이나 혐오감이 지구상의 어디에서나 나타난다고 해서 그런 도덕적 직관을 타고난다거나 우리 안에 심장이나 다른 장기들처럼 갖추어져 있다고 결론 내리는 건 또 다른 문제다. 어디에나 나타난다는 '보편성(universality)'과 타고난다는 '본유성(innateness)'은 비슷한 의미로 들리지만 서로 다른 개념이다. 예를 들어보자. 모든 문화권에는 공통적으로 어떤 형식이든 건축물과 그릇이 나타난다. 그렇다고 해서 우리가 건축과 그릇에 대한 개념을 타고나는 것은 아니다. 환경으로부터 얻어진 것이라도 인류에게 보편적인 것이 될 수 있기 때문이다.

진화론적 '사실'과 '당위'는 혼동되기 쉽다. 정서가 도덕적 판단에 영향을 미친다는 것은 하나의 '사실'이다. 그런데 이것을 거꾸로 해석해서 정서적으로 유발되지 않은 도덕 판단은 잘못된 것이라고 당위성을 잘못 평가할 수 있다. 그래서 좀 더 의심해볼 필요가 있다. 우리가 '도덕 본능'이나 '도덕 문법'을 가진다고 해서, 더 노골적으로는 그것이 우리의 간이나 심장처럼 작동한다고 해서, 그로부터 나오는 도덕 판단이 타고난 것이고 자연스러운 것일까? 혐오감 같은 정서 상태를 옳은 도덕적 판단을 내리게끔 도와주는 도덕 장기의 반응에 비유하는 것이 맞을까? 혐오감이나 불쾌함, 분노 같은 감정들이 진정 타고나는 것인지, 도덕의 기원인지도 확실치 않은데 말이다.

2008년에 우리나라를 방문했던 감정철학과 정치철학의 석학 마사 누스바움(Martha Nussbaum)도 '공감' 같은 정서 상태는 약자를 배려하는 도덕적 판단을 가능케 하지만, '혐오감'은 그렇지 않다고 주장한다. 생명윤리학자 리언 카스(Leon Kass)는 부도덕적인 행동에 대해 인간이 자연스레 가지는 혐오감이야말로 도덕 판단의 기준이라고 주장했지만, 누스바움은 '혐오감' 같은 부정적인 감정은 오히려 사회정치적 부작용과 퇴보를 가져온다고 반대한다.[5] 나치 정권을 이끌었던 아돌프 히틀러가 유대인에게 가졌던 '혐오감'을 도덕 본능이라고 본다면, 본능이라는 이름으로 유대인 학살이 정당화되는 부작용이 생긴다.

유대인을 향했던 독일 시민의 극단적 혐오감을 본능이라고 할 수 있을까? 진화심리학에 따르면 혐오감은 선사시대부터 내려온 도덕 감정이라는데, 유대인을 향한 독일인의 감정이 본능이라고 보기는 어렵다. 히틀러 집권 당시 대다수의 유대인을 괴물처럼 묘사하고 비난하는 내용의 선동적인 포스터가 다수 배포되었다. 이런 포스터들은 나라나 집단을 막론하고 정치적으로 경쟁하는 다른 집단을 겨냥해 자주 사용되는 꽤 강력한 최면 도구다. '대다수'라는 숫자의 유혹은 현대 사회에서도 막강하다. 대다수가 선호한다는 브랜드를 좇는 대중심리나 포퓰리즘도 형태만 다를 뿐 히틀러의 국민 선동과 그 작용, 부작용이 유사하다.

진화심리학의 설명은 아직 완성되지 않은 단계이긴 하다. 하지만 일부 진화심리학자는 '감정이 도덕적 판단을 이끌어낸다'는 명제에서 자연스럽게 전혀 다른 차원의 명제인 '감정이 이끈 도덕적 판단이 정당화된다'는 것까지 가정한다. 이런 정당화는 '기술(description)'과 '규범(norm)'을 혼동하고, 선후관계와 인과관계를 혼동하는 흔한 오류다. 혐오감을 조장한 후 그에 대한 정당화가 자연스럽게 따라오게 하는 히틀러식의 정서 조작에 우리가 매우 취약한 이유다.

도덕 판단의 진화적 기원에 대한 설명은 동물이나 고대 시절의 인간을 설명하기에는 알맞을 수 있다. 그러나 현대처럼 대중매체를 통해 이미지 조작이 손쉬운 시대에서는 진화적 기원이나 도덕적 본능 없이도 특정 대상이나 상황에 대한 감정이 조작될 수 있다. 그렇다면 피터 싱어(Peter Singer)가 1981년 〈사회생물학과 윤리(The Expanding Circle: Ethics and Sociobiology)〉에서 제기한 질문처럼, 이렇게 다양한 도덕적 감각, 도덕적 직관이라는 것이 도덕성을 설명할 때 정작 무슨 의미가 있을까?

다시 원숭이 골로 돌아가보자. 어느 문화의 도덕적 직관이 옳은가? 문화 상대적인 도덕적 직관인가? 음식 혐오의 감정을 통해 도덕성을 연구하는 철학자 대니얼 켈리(Daniel Kelly)는 우리가 가지게 되는 도덕적 정서나 감정이 오래전 진화되어 설계된 본능이라기보다는 필요에 따라 서투르게 만들어진 '클루지(Kludge)'•라고 주장한다.

도덕 판단이란 인간의 타고난 본능인가, 아니면 상황에 따라 조작될 수도 있는 클루지인가? 이 둘은 경쟁적인 설명일 수도 있지만, 상부상조의 관계일 수도 있다. 트롤리 딜레마나 원숭이 골을 먹어도 되는가 하는 문제 등 도덕적 선택을 해야 할 상황에서 본능적으로 판단할 수 있는 사안도 있지만 현대 사회에 새로 등장한 도덕적 사안에는 곰곰이 따져보아야 할 경우도 있기 때문이다.

우리의 도덕 판단은 시계처럼 정교하고 우아하게 다듬어져 정확하게 돌아가는 시스템일 수도 있고, 잡동사니들이 이리저리 섞여 있지만 웬만큼 작동하도록 만들어놓은 클루지일 수도 있다. 어느 쪽이 맞고 틀리다는 이야기가 아니다. 문명과 문화가 발전

• 조화롭지 못한 요소로 구성된 (컴퓨터) 장치로, 효율성이나 내구성은 없지만 필요할 때 빨리 웬만큼 잘 작동하는 장치를 일컫는 말. 뉴욕 대학교 심리학과 교수 개리 마커스(Gary Marcus)가 쓴 《클루지(Kludge)》(갤리온, 2008)에 다양한 예가 나와 있다.

하면서 기존의 상황과 완전히 다른 종류의 상황이 새로이 생겨나는데, 그에 대해서는 기존의 판단 방법으로 의사 결정을 내리기 어렵다는 것이다. 그렇다면 우리는 기본적으로는 자신의 도덕적 직관을 신뢰하되, 윤리적으로 판단이 어려운 상황에서는 다른 사람들과 토론하고 고민하는 과정을 거쳐 신중하게 판단을 내려야 할 것이다.

CHAPTER 5

공감에도 유효기간이 있나요

사랑으로 서로 결합하거나 더 많은 사람을 포용하려면
공격할 만한 외부인이 있어야만 한다.
—**지그문트 프로이트,《문명 속의 불만》**

공감의 아이러니

현대는 공감의 시대다. 공감이 넘쳐 흘러서가 아니라 공감이 절실하다는 의미에서다. 그런데 우리에게는 정말 공감 능력이 있는가? 맹자는 〈공손추〉에서 측은지심(惻隱之心)을 언급하며 인간은 공감 능력을 타고났다고 이야기한다.

"어린아이가 우물에 들어가려 하는 것을 본다면 다 놀라며 측은히 여기는 마음이 있을 것이다. 그것은 어린아이의 부모와 교제를 맺으려고 해서도 아니고 향당의 벗들에게 명예심을 과시하려는 것도 아니며 어린아이가 물에 빠졌을 때 지르는 비명이 싫어서도 아니다."

이런 공감 능력이 모든 사람에게 향하는가? 그렇진 않다. 남의 아이보다 내 아이가 더 소중하게 느껴지고, 물에 두 아이가 빠진다면 내 아이를 먼저 구하는 것 또한 우리의 타고난 공감 능력의 특징이다.

언제부터인가 타인이나 다른 집단을 혐오하는 표현들이 인터넷에서든 오프라인에서든 많이 생겨났다. 다른 사람들을 미워하는 것이야 어느 시대든 어느 나라든 있는 일이다. 하지만 과거에 그런 '혐오 표현'은 혐오할 만한 행동을 한다고 여겨지던 흉악범, 악인, 비윤리적인 행동을 한 사람들을 향하는 경우가 많았다. 이런 분노는 피해자의 위치에 서서 공감함으로써 생기는 자연스러운 생존 본능일 것이다. 그런데 요즘의 혐오 표현은 다르다. 비도덕적인 행동을 한 사람이 아니라 자신이 속하지 않은 집단을 향한다. 특히 여성, 노인, 특정 지역민, 장애인, 이주민과 같은 약자를 향해 있다. 게다가 이것을 부추겨서 이용하는 정치인, 사회집단, 개인 들이 있다. 특히 감염병이 도는 재난의 시대나 사회적 곤경이 발생하는 시기에는 기존의 가치가 잘 작동하지 않아 사회가 혼란스러워지는데, 이때 약자들을 희생양으로 몰면서 평화를 찾으려는 야만이 고개를 든다.

왜 이런 야만적 상황이 일어날까? 혐오 표현을 부추기는 이들에게는 맹자가 말한 우물가의 아이를 안타까워하는 능력, 즉 '공감' 능력이 부족해서인가? 이런 추측 때문인지 많은 사람이 '공감'을 중요한 가치로 외친다. 공감력을 키워야 왕따 문제를 비롯한 사회적 갈등부터 세계의 기아와 전쟁 등등 많은 문제가 해결될 것처럼 말이다. 그런데 공감이란 것이 누구든 마음만 먹으면 쉽게 가질 수 있는 것인가? 공감을 교육하면 좀 나아질까?

미국은 1964년 민권법을 제정할 때 인종, 민족, 종교, 성에 따른 차별을 금지했다. 다인종 사회인 만큼 갈등이 많은 것을 우려한 것이다. 법안 제정 후 인종 간 결혼이 늘어나고 교육 격차가 크게 준 것으로 나타난다. 차별 금지법을 만든 것이 미국인들의 공감 능력을 높인 것일까? 하지만 반례로, 2014년 미국 미주리주 퍼거슨시에서는 흑인 소년 마이클 브라운이 백인 경찰의 총에 맞아 죽는 사건이 있었다. 문제는 흑인 소년이 아무런 무장을 하지 않았는데 경찰이 과잉 사격을 했다는 것이다. 실제로 경찰이 백인은 쉽게 공격하지 않지만, 흑인에게는 비교적 쉽게 발포한다는 통계가 있다. 잘못된 수사와 재판 결과로 미국에서 사형수로 분류된 이들 중 흑인이 압도적으로 많다고 알려져 있기도 하다. 심지어 최근 인공지능을 이용해 재범률을 판단하는 데서도 여전히 백인과 흑인에게 다른 기준을 적용한 시스템을 구축했다는 보고가 있다. 이런 상황을 보면, 차별 금지법이나 공감 캠페인, 교육 등은 실제로 공감 능력을 갖추게 하는 데에 별로 쓸모가 없는 것도 같다. 왜 그럴까?

이 질문을 탐구하기 위해 문화인류학자 클로드 레비스트로스(Claude Lévi-Strauss)의 이야기를 들어보자.

> '야만'의 어원은 자기 문화와는 다른 모든 것, 새들의 노랫소리와 같은 비준절어 그리고 혼란을 가리키는 것으로부터 나왔다.
>
> —클로드 레비스트로스, 《인종과 역사(Race et histoire)》

여기서 레비스트로스는 '새들의 노랫소리'와 '혼란' 그리고 '자기 문화와 다른 것'을 동일 선상에 놓는다. 이들의 공통점은 무엇일까? 내가 그것들을 알아듣기 어렵다는 것이다. 왜 그런가? 내가 사용하는 언어와 '다르기' 때문이다. 다른 것은 낯설고 불편한 감정을 불러일으킨다. 무언가 낯설고 불편하면 본능적으로 안 좋은 감정이 생겨난다. 이렇게 다른 것들을 뜻하는 단어에 '야만'의 어원이 있다는 말은 무슨 의미일까? 인간은 자신과 다른 것을 야만적이라고 느끼며 그에 대해 악하게 행동할 수 있다는 뜻이다.

독재자 히틀러가 저질렀던 역사상 가장 무자비한 살인은 지금의 우리가 보기에는 의문스러울 수 있다. 히틀러야 정신적인 문제가 있었다손 치더라도, 어떻게 독일 국민 대다수가 히틀러의 대량 살인에 전폭적으로 지지를 보냈을까? 유대인을 제거해야 하는 이유를 설명하고 유대인 대학살을 자행했을 때 국민이 어떻게 동조할 수 있었던 것일까? 이와는 조금 다른 듯 보이지만 유사한 예는 얼마든지 있다.

17세기 프랑스의 한 귀족 부인의 이야기다. 귀족 부인은 자신이

애지중지 키우는 강아지 다리에 생채기가 나자 눈물까지 흘리며 슬퍼했다. 강아지는 비록 인간과 다른 종이지만 그가 겪는 고통을 자신의 것처럼 생각하고 그 상태에 공감한 것이다. 하지만 이 이야기가 초점을 맞추는 부분은 바로 그다음 장면이다. 이 귀족 부인은 노예들을 거느리고 있었는데, 이 중 도망친 노예가 붙잡혀와 잔인하게 고문당한다. 이때 귀족 부인은 사랑하는 강아지를 안은 채 노예를 고문하는 장면을 손가락질하고 웃으며 구경한다.

이 귀족 부인은 어떻게 같은 인간에게는 그리도 잔인하면서 인간도 아닌 다른 동물에게는 깊이 공감할 수 있었을까? 이중인격은 아닐까? 이 귀족 부인은 다른 이의 고통에 연민을 느끼고 공감하는 능력이 있는 것일까, 없는 것일까? 이 귀족 부인의 공감과 이타주의는 '편파적인' 이타주의이다. 히틀러를 비롯한 여러 독재자가 대중의 심리를 자극하는 방법으로 자주 사용하는 편파적 이타주의는, 특정 집단에게는 이타주의로 작용하지만 다른 이들에게는 배타적으로 작동하는 것이다. 히틀러나 귀족 부인의 이타주의는 인정받기 어렵지만, 예수의 이웃 사랑이나 부처의 자비가 인정받는 것은 그들이 이야기하는 이타주의가 편파적이지 않기 때문이다.

히틀러나 17세기 귀족 부인 이야기는 다소 극단적인 예처럼 보일 수 있다. 그런데 우리는 그 '편파성'에서 자유로울 수 있을까?

흥미롭게도 '편파적' 공감이 인간의 기본적 본성이어서 오히려 그렇게 하는 것이 자연스럽다는 견해가 동양의 유교 사상에서 언급된다. 대표적인 유교 사상가 공자는 보편적 연민이나 사랑보다는 매우 선택적인 기준이 있어야 공감이 가능하다고 했다. 아래는 아버지를 고발한 아들의 행동에 대한 공자의 평가다.

> 노(魯)나라 섭공(葉公)이 공자에게 말했습니다.
> "우리 마을에는 정직한 사람이 있습니다. 아버지가 양을 훔쳤는데 아들이 증인이 되었습니다." 그러자 공자가 말했습니다. "우리 마을의 정직한 사람은 이와 다릅니다. 아버지는 아들을 위해 숨겨주고, 아들은 아버지를 위해 숨겨줍니다. 정직함은 그 가운데 있는 것입니다."
>
> —《공자》, 〈자로〉

여기서 공자가 도덕의 근거로 삼는 공감은 모든 이에게 적용되지 않으며, 매우 편파적이다. 데이비드 흄 또한 인간 공감의 이러한 편파성을 관찰한 바 있다. 그런데 공자는 더 나아가 편파적이어야 함을 주장하기까지 한다.

섭공의 생각과 공자의 생각 중 어느 쪽이 더 적절할까? 섭공은 양을 훔친 아버지를 고발한 아들이 정직하다고 판단한다. 공자는 가족은 서로 잘못을 숨겨주는 것이 인지상정인데, 자신의 마음을 속이고 아버지를 고발한 아들은 정직한 사람이 아니라고 한다. 내집단(ingroup)에 대한 인지상정을 근거로 죄를 저지른 가족을 숨겨주는 행동에 면죄부가 주어지는 것이다.

내집단의 고통에 더 민감하게 반응하는 인간의 성향은 신경과학의 연구 결과에서도 나타났다. 사회적 고통을 겪는 사람을 관찰하는 연구 상황에서 피해자가 관찰자의 내집단에 속한 경우와 외집단(outgroup)에 속한 경우를 비교해보았다. 자신의 친구나 가족과 같은 내집단의 사람이 사회적 고통을 겪는 것을 관찰할 때는 뇌에서 정서를 담당하는 부위가 더 활발히 반응했다. 반면, 외집단인 사람의 고통을 관찰할 때는 시간이 그보다 더 걸렸으며, 정서적 반응보다는 인지적 반응이 더 많았다.[1] 공정한 법 집행이라는 더 큰 범위의 도덕성보다 내집단에 대한 공감이 더 우선시되는 성향은 서양보다는 한국이나 중국 같은 동아시아 문화권에서 더 뚜렷하게 나타난다.

만약 공감이 이렇게 편파적일 수밖에 없다면, 그리고 내집단에 대한 공감과 외집단에 대한 공감이 별개로 작용한다면 공감이라는 단어가 의미가 있을까. 귀족 부인과 히틀러의 예에서 보았던 것처럼 나의 공감은 다른 사람에게는 야만일 수 있다. 이것이 공감의 아이러니다. 앞에 등장했던 귀족 부인도 자신은 보통 사람보다 공감 능력이 뛰어난 사람이라고 자신했을 것이다. 하지만 자기 가족이나 친구, 면식이 있는 사람처럼 어떤 식으로든 공통점을 가지고 있는 내집단의 일원에게 공감하는 것은 동물적 본능이고 '자동적'인 반응이다. 그 이면에 외집단에 속하는 사람들에 대한 차별이 내재할 수 있다. 공감의 중요성을 강하게 주장하는 사람이 때로 성이나 인종, 나이, 지역을 차별하는 모습을 보인다 해도 별로 이상할 것이 없는 이유다.

'인종'이라는 허수아비 개념

어떤 이가 나와 '다르다'는 것을 아는 순간, 인간은 본능적으로 그 다른 이를 불편하게 생각한다. 이 성향은 어쩔 수 없는 것 아닌가? 본능적인 것인데 말이다. 그런데 찬찬히 살펴보자. 이런 성향이 '본능적'이라는 것은 무슨 뜻인가? 교육이나 설득을 통해 생각을 바꾸기가 어려울 정도로 뇌 안에 그런 성향이 각인되어 있다는 이야기이다. 우리는 우리가 남들에게 관대하다고 생각하지만 실제로는 과대평가인 셈이다. 인간은 자기와 비슷한 이들과 다른 이들을 뚜렷이 구분해서 소속감을 느끼고 안정감을 가지는 성향이 있다. 이 소속감은 인종이나 민족, 종교, 출신 학교에 따라, 심지어 특정한 직위로 불리기만 해도 생겨난다.

3장에서 소개했던 필립 짐바르도의 '교도소 실험'에서 간수 역할을 맡은 학생들은 간수였던 경험도 없고 이에 대해 체계적으로 배운 적도 없었지만 실험이 시작되자 곧바로 죄수 역할을 맡은 학생들을 모질게 학대했다. 짐바르도가 당황했던 것은 간수 역할을 맡은 학생들이 나중에는 지시받은 정도를 넘어서서 죄수 역할을 맡은 학생들을 더 심하게 학대하는 방향으로 실험이 나아갔다는 점이다. 결국 실험은 중단되었다. 이 실험의 잔혹한 설정이나 진실성에 대해서는 분명 비판할 만한 점이 몇 가지 있고 관련된 논쟁이 여러 차례 있어왔다. 그러나 간수 역할을 한 학생들을 본래 악한 마음을 타고난 이들이라고 보기는 어렵다. 간수와 죄수라는 구분이 내집단과 외집단을 구분하게 만들었고, 죄수라는 이질적인 집단에 대해 공감 능력이 발휘되지 않은 것도 간수 역할을 맡은 학생들이 그런 행동을 한 이유 가운데 한 가지일 것이다.

그렇다면 앞서 소개한 귀족 부인 역시 같은 방식으로 이해할 수 있을 것이다. 귀족 부인이 생물학적으로 같은 종인 '인간' 노예의 고통에는 공감하지 못하면서 생물학적으로 다른 종인 '강아지'의 고통을 염려했던 것은 언뜻 보면 이해하기 어려운 수수께끼이다. 그러나 이 귀족 부인은 강아지와 오랫동안 함께 살았기에 그 강아지를 가족 구성원처럼 느끼게 되었을 것이다. 이런 소속감은 자동적으로, 무의식적으로 만들어지면서 그 소속감과 관련된 뇌의 상태를 고정시킨다. 그래서 그 귀족 부인은 그 대상이 사람이든 강아지든 상관없이 '내 사람들'로 느끼고 공감하게 된 것이다. 공감이라는 것은 우리 뇌에서 이런 방식으로 작동하며 만들어진다.

그렇다면 이 귀족 부인이 경험했던 심리적 작동방식을 거꾸로 이용할 수 있지 않을까? 나와는 완전히 다른 집단에게 '공감을 해야 한다'고 가르치거나, 공감에 대한 유명한 이론을 소개하며 설득한다고 해서 공감 능력을 갖추게 하는 데 효과가 있는지는 불확실하다. 그러면 나와 완전히 다른 사람들과 일정 시간 함께 살아보는 건 어떤가? 어쩌면 반드시 실제의 집단을 구성할 필요조차 없을지도 모른다. 내집단 심리를 연구하는 사회심리학의 한 연구 결과는 실제의 집단을 구성해야만 집단 소속감이 생겨나는 것이 아니라고 한다. 예컨대 온라인 게임에서 어떤 팀의 구성원이 되거나, 같은 집단에 속하지는 않지만 내가 가진 특성과 유사한 특성을 가진 사람을 발견하면, 뇌가 자동적으로 그 대상이 '나의 집단' 혹은 '내 편'이라고 느끼게 한다는 것이다. 신경과학자들이 이를 실험해보았다.

뉴욕 대학교의 사회신경과학자인 제이 반 바벨(Jay Van Bavel) 팀 연구자들은 사람들이 속하는 집단이 바뀔 때 뇌가 어떻게 반응하는지가 궁금했다. 서로 배타적으로 느꼈던 다른 인종의 사람들과 가상으로 같은 팀이 된다면 과연 서로 가깝게 느낄까? 이를 알아보기 위해 한 팀은 백인으로만 구성하고 다른 한 팀은 백인과 여러 인종을 섞어 구성했다. 그리고 같은 팀원들의 얼굴과 다른 팀원들의 얼굴을 기억하도록 했다. 이후 참가자들은 2초 동안 화면에 나타나는 참가자들의 얼굴을 보면서 질문에 답했다.

첫째, 그 사람이 같은 팀의 일원인가?

둘째, 그 사람은 흑인인가, 백인인가?

마지막으로, 그들을 얼마나 좋아하는가?

참가자들이 이 질문에 답하는 동안 신경과학자들은 참가자들의 뇌 신경 활동을 뇌 영상을 통해 관찰했다. 결과는 다음과 같다. 참가자들은 화면에 나타나는 사람이 백인이든 흑인이든 상관없이 자신과 같은 팀에 속한 사람을 보았을 때 뇌의 편도체(amygdala)가 활발하게 활동했다. 편도체는 감정을 느낄 때 주요하게 활동하는 뇌 부위이다.

같은 팀에 속한 이들에게 감정을 느끼는 것은 당연하지 않냐고 생각할 수도 있다. 그런데 참가자가 백인인 경우 팀을 이루기 전과는 달리 화면에 나타난 자기 팀의 얼굴이 흑인이든 백인이든 상관없이 편도체가 반응을 보였다는 점이 중요하다. 또 다른 흥미로운 점은 다른 팀원의 얼굴을 볼 때의 뇌의 반응이다. 다른 팀원의 얼굴을 볼 때는 편도체뿐만 아니라 얼굴 인식과 관련된 뇌 영역인 방추상 얼굴 영역(Fusiform face area, FFA)까지도 반응이 없었다.

예외도 있겠지만 백인은 흑인이나 황인보다는 백인들과 어울릴 기회가 더 많고 친밀감을 더 느끼기 마련이다. 그래서 백인은 백인의 얼굴에, 흑인은 흑인의 얼굴에 더 중요한 반응을 보이게 마련이고, 이는 신경학자들이 이미 확인한 것이기도 하다. 그런데 위 실험에서 같은 팀으로 묶여진 지 불과 몇 분 만에, 그동안 낯설게 느꼈던 타인종의 사람들에게 다른 팀의 같은 인종보다 더 친밀감을 느끼는 반응을 보였다. 이는 '인종'으로 묶인 심리적 집단이 임의적일 수 있다는 것을 보여준다. 그렇다면 심리적으로 한 팀이 되는 소속감의 심리 기제를 활용하면 본능에만 의존하는 좁은 공감 능력을 다른 집단에까지 넓히도록 기를 수 있을지도 모른다.

공감의 역설: 누구에게 공감하는가

공감이라는 단어는 긍정적이고 따뜻한 인상을 주기 때문에 고통을 당하는 모든 사람을 향하는 감정처럼 들린다. 그런 이유로 '누구에게 공감해야 하나' 하는 질문은 공감이 진정 무엇인지 모르는 사람이 던질 법한 말처럼 들린다. 인지적 측면보다는 정서

▲ 반 바벨의 인종과 집단 실험.

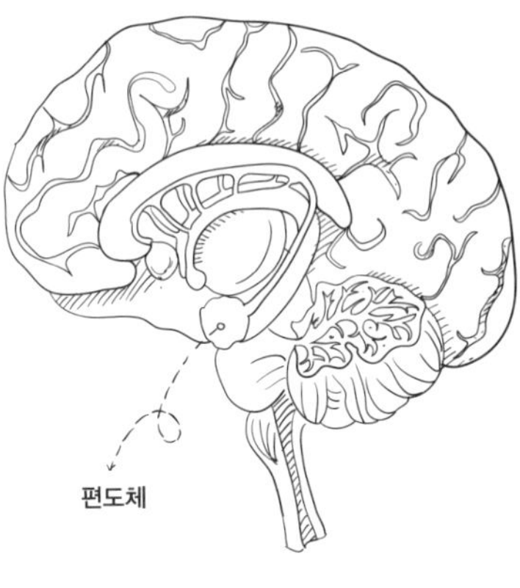

▲ 편도체는 감정을 느낄 때 주요하게 활동하는 뇌 부위다.

적 측면이 발달한 아시아 국가에서는 더더욱 그러하다. 공감은 이기심이나 무관심을 극복하고 도덕심을 가지게 하는 긍정적 속성으로 주로 인식된다. 제러미 리프킨(Jeremy Rifkin)은 《공감의 시대(The Empathic Civilization)》에서 전쟁을 극복하는 유일한 방법은 전 지구적 공감을 증진시키는 것뿐이라고 제안하기도 한다. 그러나 공감은 만병통치약이 아니다. 다음의 경우를 생각해보자.

기부를 요청하는 두 포스터가 있다고 생각해보자. 1번 포스터에는 오랫동안 굶주린 듯 깡마른 아이들이 음식을 담아갈 바가지를 앞으로 내밀고 있는 사진이 실려 있고, 아래에 다음과 같은 문구가 적혀 있다. "대지진 참사에서 집을 잃고 굶주리고 있는 시아카와 친구들입니다. 여러분의 도움이 절실합니다. 계좌번호: xxx-xxxxx" 2번 포스터에는 별다른 사진 없이 다음과 같은 문구가 적혀 있다. "배고픔에 시달리는 한 아이가 있습니다. 여러분의 도움이 절실합니다. 계좌번호: xxx-xxxxx"

두 가지 경우 중 어느 쪽에 기부하고 싶어질까? 아마도 1번일 것이다. 왜 그럴까? 대지진이 배고픔보다 더 큰 사건이기 때문에? 그러면 상황만 서로 바꾸어보자. 그래도 마찬가지 결과가 나올 것이다. 1번 포스터의 상황에 더 많은 사람이 연루되어 있기 때문인가? 두 상황에서 사람들의 숫자를 바꾼다 해도 마찬가지 결과가 나올 것이다.

종교나 교과서에서는 모든 사람을 사랑으로 대하라고 말한다. 그러나 사랑이라는 이름으로 스토킹 범죄나 데이트 폭력이 벌어지기도 한다. 사랑이 모든 일을 해결해주지도 않고 무서운 이면을 가지고 있기도 하듯, 공감도 마찬가지다. 다른 집단 간에 공감이 부족해도 전쟁이 일어나지만, 공감 능력이 너무 쉽게 발휘되어도 전쟁이 일어날 수 있다. 공감은 인간의 감정을 자극하는데, 이 공감이 타인을 향할 때는 우리의 예상보다 훨씬 더 편파적인 태도를 보이게 되기 때문이다.

우리는 흔히 TV에서 부모 없이 불치병으로 죽어가는 한 소녀를 위해 많은 이의 성금이 도착했다는 소식을 듣는다. 2015년 11월 프랑스 파리의 여러 구역에서 테러가 발생해 희생자가 생겼다는 소식이 대중매체를 통해 전해지자 전 세계의 많은 사람이 SNS에 프랑스 국기를 걸어 애도의 뜻을 표했다. 큰 재난 상황에 수많은 이들이 도움의 손길을 내밀어 구호물자가 넘친다는 다행스러운 소식을 듣는 경우도 종종 있다. 그런데 사실 우리 주변에는 아직도 돈이 부족해 끼니를 거르는 이들이 있다. 왜 우리는 이들에게는 덜 공감하고 도움의 손길을 보내지 않은 것일까? 이것이야말로 '공감의 역설'이 아닐 수 없다. 우리의 공감은 위선인가? 공감은 남에게 보이려는 것인가?

공감의 최소치와 최대치

공감은 꽤 까다로운 감정이다. 도움을 요청하는 앞의 두 포스터에서, 한쪽은 곤란을 겪는 대상이 매우 뚜렷하게 우리의 눈에 분별이 되었고, 다른 쪽은 배고픔을 겪고 있는 대상이 누구인지 억지로 상상해도 떠올릴 수 없었다. 굶주리고 있는 누군가가 어떤 식으로든 명백하게 '인식이 되는지' 그리고 그것이 분명하게 표현되어서 우리의 제한된 지각 능력 안으로 '골인!'할 수 있는지에 따라 우리의 마음과 행동이 움직인다. 이러한 심리적 기제를 심리학에서는 '인식 가능한 희생자 효과(identifiable victim effect)'라고 부른다. 그 희생자가 '인식 가능'해야지만 비로소 우리 안의 공감 능력이 깨어날 수 있다.

2번 포스터의 메시지도 1번 포스터의 메시지와 유사하게 누군가가 굶고 있다는 정보를 담고 있다. 그런데 그 '누군가'가 매우 추상적으로만 제시되어 있어서 유리는 그 대상을 인식할 수 없다. 그래서 1번 포스터보다 2번 포스터에 도움의 손길이 상대적으로 덜 닿게 된다.

비록 까다롭긴 하지만, 공감할 만한 대상이 조건만 갖추면 우리는 '자동으로' 그 대상을 안타깝게 여기고 그에 공감하게 된다. 모든 인간이 공감 '최소 능력'을 가지고 있다는 이야기다. 그렇다면 공감의 최대치는 어디일까? 인간의 공감 능력으로 작은 갈등뿐만 아니라 전쟁과 같은 큰 갈등도 해결할 수 있다고 생각하는 사람들에게는 가장 궁금한 일일 것이다. 일단 큰 갈등을 해결하려면 공감 상태를 오랫동안 유지할 수 있어야 한다. 공감 상태를 거의 온종일 유지하는 것이 가능할까? 안타깝게도 인간이 발휘할 수 있는 공감 능력의 '양'은 무한하지 못하다. 의료인, 상담사, 사회복지사처럼 소위 '감정 노동'을 하는 직업에 종사하는 사람들은 생존에 필요한 공감의 정도를 넘어서 공감 능력을 발휘해야 하는 문제로 직업병을 앓기도 한다.

'감정 노동'이라는 표현은 비교적 최근에 등장한 신조어다. 왜 이 말이 나왔을까? 공감에도 노력이 필요하다는 의미다. 우리는 감정 노동을 하는 직업에 종사하는 이들이 그렇지 않은 이들보다 더 따뜻하고 관대할 것이라고 기대한다. 그런데 앞서 보았듯이 인간은 본성상 낯선 이에 대해서는, 그리고 너무 많은 사람을 한꺼번에 볼 때는 감정이 잘 발휘되지 않는다. 공감의 대상이 인식 가능해야만 공감이 발휘된다. 실제로 감정을 타인에게 이입해야 하는 시간이 길어지면 감정적으로 지쳐 더는 감정 반응이 일어나지 않는다고 한다. 인간의 기억 능력에 한계가 있는 것과 마찬가지로 공감도 최대치가 있는 셈이다.

이성적 공감이 필요한 이유

감정 상태는 쉽게 자극이 되고 행동을 유도하는 경향이 있다. '공감'을 감정에 호소하고, '외쳐서만은' 안 되는 이유다. 물론 억지로 배우기보다는 본능처럼 즉각적으로 발휘되는 공감 능력도 필요하다. 힘든 상황을 겪는 사람들을 매번 이성적으로 판단하고 따져서 보살필 수는 없을 테니 말이다. 그런데 공감만 강조했을 때 위험해질 수도 있다는 점을 알아야 공감 능력이 알맞게 발휘될 수 있다.

이 세상의 한구석에서는 극심한 가난 때문에 범죄집단에 팔려가는 아이들이 있다. 어떤 경우 아이의 팔이나 다리를 절단해 더 불쌍해 보이도록 만든 후 구걸에 이용하기도 한다. 우리는 다른 아이가 구걸하는 모습보다 팔이나 다리가 잘린 아이가 구걸하는 모습에 더 깊이 몰입하고 그의 상황에 쉽게 공감하게 될 것이다. 장애인을 이용하여 돈을 버는 행위도 공감의 바로 이 같은 측면을 이용한 범죄다. 만약 우리가 어려운 사람들의 불행에 감정적 공감만 하고, 그 사람들이 어떻게 그런 상황에 놓이게 되었는지를 곰곰이 따져보지 않는다면 이를 악용하는 사람들은 그런 행동을 멈추지 않을 것이다.

미국의 전 대통령 도널드 트럼프(Donald Trump)는 이민자가 백인을 대상으로 저지른 범죄의 예를 자주 거론해서 백인 피해자에 대한 공감을 호소하고 이민자에 대한 반감을 조장했다. 이민자에게 비우호적인 정책을 펼치기 위해서다. 우리나라 정치가들도 선거에서 승리하려고 특정 집단에 대해서만 공감을 유도하고 다른 집단에 대해서는 반감을 조장하는 예를 강조해서 언론에 내보내곤 한다. 유대인을 대상으로 대학살을 저질렀던 히틀러에게 많은 독일 국민이 지지를 보낸 것도 인간의 공감이라는 정서가 꽤 좁은 안목을 가지고 있다는 점을 이용한 결과다. 전쟁도 마찬가지 이유로 정당화되고 미화된다. 이것이 바로 따뜻한 정서적 공감뿐만 아니라 이성적 공감 능력 또한 필요한 이유다.

Part 2

마음의 도약

▶ 2부는 마음에 관한 이해를 바탕으로 마음에 관한 기술들을 실제적, 사회적으로 응용하는 방법과 관련된다. 인간의 정서 및 인지 구조를 밝히는 데 중요한 역할을 하고 있는 뇌 관련 기술의 철학적 함의는 무엇일까? 뇌-마음-환경의 복잡한 연결 관계는 어떻게 이루어지는 걸까? 우리는 마음에 대해 어디까지 알 수 있을까? 이러한 질문들과 함께, 인간의 기억과 감정의 한계를 넘어서게 하는 신경공학 기술과 그 의미를 생각해본다.

CHAPTER 6

신경과학 시대의 독심술

이발사는 물을 것이다.
'당신의 뇌 신호를 들어봐도 될까요?'

—쇠렌 키르케고르, 《키르케고르의 일기와 노트》

나도 모르는 내 마음

다른 사람의 마음을 어떻게 알 수 있을까? 속마음을 속속들이 알 수는 없으니 우리가 살펴볼 수 있는 증거는 행동이나 말일 것이다. 어떤 이는 거짓말을 할 때 땀이 나거나 얼굴이 빨개진다. 동화 《피노키오》에서 나무로 만든 인형 피노키오는 거짓말을 하면 코가 길어진다. 이처럼 눈에 보이는 뚜렷한 증거가 있다면 타인의 마음을 알기가 편할 것이다. "거짓말을 하면 피노키오처럼 된다"는 말은 남을 속였다는 증거가 어딘가에는 반드시 드러난다는 의미인데, 신경과학이 발달한 오늘날 이런 증거가 과학적으로 발견될 수 있다. 뇌 영상 스캔 기술이 상상 이상으로 발전한다면 누군가를 속였지만 정직한 척할 수 없게 되는 날이 올지도 모른다. 그렇게 된다면 "거짓말을 하면 기계에 다 나온다"라고 경고할 수 있을 것이다.

2010년 5월 13일과 14일, 미국 테네시주 연방법원에서는 뇌 스캔이 법정에서 증거로 사용될 수 있는가를 주제로 청문회가 열렸다. 청문회가 열리게 된 배경은 뇌 영상 기술을 활용한 서비스를 판매하는 회사가 생겨나면서 기존에 없던 사례가 나오게 되었기 때문이다. 론 셈라우(Lorne Semrau)는 자신이 경영하고 있는 회사와 연루된 사기 혐의를 벗어나기 위해 자신이 고의로 범법을 행한 것이 아니라는 증거로 세파오스(Cephaos)라는 뇌 영상 서비스 회사에서 스캔한 자료를 테네시주 연방법원 청문회에 제출했다. 유사한 증거 제출의 사례가 같은 해 5월 초에 브루클린 등 다른 지역에서도 있었으나, 신경과학자들의 자문 없이 판사 단독으로 채택 불가 판결이 내려졌다.

테네시주 재판에서는 뇌 스캔의 정확성을 검토하기 위해 뇌 영상 서비스를 제공한 세파오스의 설립자이자 세포생물학자 스티븐 라켄(Steven Laken), 세인트루이스에 있는 워싱턴 대학교의 신경과학자인 마커스 레이클(Marcus Raichle)과 클리블랜드 클리닉 재단의 피터 임레이(Peter Imrey) 등이 청문회에 참석해 자문했고, 스탠퍼드 법학대의 헨리 그릴리(Henry Greely)가 참고인 자격으로 참석하여 판사의 결정을 도왔다. 판사는 뇌 스캔을 법적 증거로 받아들이는 것을 허용할 수 없다는 판결을 내렸고, 이 사례는 앞으로도 법정에서 '과학적 자료의 법적 증거 여부'에 중요한 기준이 된다는 평가를 받았다.

뇌 영상을 통해 어떤 사람이 거짓말을 하는지 아닌지를 측정해

주는 기술은 미국에서 이미 상업적으로 이용되고 있다. 세파오스, 휴먼바이오닉스(Human Bionics), 노라이MRI(No lie MRI) 같은 회사들은 일반인뿐만 아니라 법률가, 사업자 등 거의 모든 사람을 고객으로 하여 곤란한 일이 생겼을 때 의뢰자가 거짓말을 하는지 여부를 검사해주는 일을 한다. 실제로 이 서비스를 이용해서 법적 증거를 제시하려는 사례가 여러 번 있었다.

영화 속에서나 볼 수 있을 법했던 뇌 영상의 법적 증거 공방은 인간의 인지 상태와 관련한 과학기술의 놀라운 발전을 보여준다. 그러나 이보다 더 놀라운 것은 이제 '어떤 사람이 무슨 생각을 하고 있는지' 파악하는 기준이 변하고 있다는 점이다. 여태 우리는 타인의 심리 상태를 알기 위해 그 사람의 행동과 말을 검토했지만, 거짓말을 판별할 수 없다는 한계 때문에 완벽한 파악은 어려웠다. 뇌 영상은 거짓말이라는 장벽을 넘게 해줄까?

타인이 '나'처럼 생각을 하고 마음을 가진다는 걸 어떻게 알 수 있을까? 이 문제는 심리철학에서 '타인의 마음의 문제(other minds' problem)'라고 알려져 있다. 우리는 보통 나 자신이 마음을 가진다는 것을 안다. 내 마음속의 상황에 장애물 없이 직접 접근할 수 있기 때문이다. 이를 '일인칭적 접근(first-person access)'이라고 부른다. 돌부리에 걸려 넘어져 무릎과 팔꿈치가 심하게 긁혀 고통스럽지만 행인들 보기가 쑥스러워 아프지 않은 척 툭툭 털고 일어난다면, 다른 사람들은 내가 얼마나 아픈지 모르겠지만 당사자인 나는 나의 내적 경험(내성, 內省, introspection)을 통해서 그 통증이 쿡쿡 쑤시는지, 날카로운지, 둔탁한지 그 종류와 통증의 정도를 알 수 있다.

이런 일인칭적 접근은 정말 확실할까? 이런 질문을 던진 사람이 17세기 철학자 데카르트다. 내가 꿈속에서 넘어졌다면 내 무릎이 실제로 벗겨진 것은 아니므로 내 무릎이 정말로 다쳤는지를 의심할 수 있다. 하지만 꿈이든 생시든 내가 지금 아프게 느낀다는 사실만은 의심할 수 없다. 그것을 '명석 판명(clear and distinct)'하게 알 수 있는 것은 일인칭적 접근이 누리는 특권적 지위다. 데카르트는 이러한 맥락에서 '나는 생각한다, 고로 존재한다'는 것을 나 자신은 분명히 알 수 있다고 주장하기도 했다.

그렇다면 신경과학이 발달한 오늘날, 나의 내면에 대한 특권적 지위를 뇌 영상에 물려주거나 나누어 가져야 할까? 지금까지 타인의 마음은 일인칭적 접근이 아니라 '아야' 하는 통증 언어나 얼굴을 찡그리고 무릎을 비비는 행동, '후벼 파듯이 아프다'라는 설명 등과 같은 '삼인칭적 접근(third-person access)'을 통해서만 알 수 있었다. 그렇기에 자기 고통을 언어나 몸짓, 표정으로 표현할 수 없는 전신 마비 환자들의 마음을 알기는 어려웠다. 행동 대신 뇌의 반응을 측정하고 관찰하는 뇌 영상은 표현이 어려운 이의 마음을 어느 정도 전달해줄 수 있을까.

뇌 영상을 통해 마음을 추측하는 것은 행동을 관찰하는 것처럼 삼인칭적 접근에 속한다. 그러면 뇌 영상을 이용한 삼인칭적 접근과 일인칭적 접근 중 어느 것으로 마음 상태를 더 잘 알 수 있을까? 행동주의 철학자 길버트 라일(Gilbert Ryle)은 《마음의 개념(The Concept of Mind)》(1949)이라는 책에서 인간 속에 보이지 않는 어떤 '마음'의 실체가 따로 있는 것이 아니라, 인간의 행동이나 행동 성향이 바로 마음이라고 주장한다. 그는 마음을 알기 위해 내면을 들여다보는 일인칭적 방법보다는 겉으로 드러나 보이는, 즉 삼인칭적 접근이 가능한 방법을 선호했다. 라일이 현대에 생존해 있다면 뇌 영상을 통해 마음을 추정하는 편이 낫다고 손을 들어주었을 것이다.

우리는 자신의 마음을 투명하게, 직접 알 수 있다고 생각하지만 이 생각은 자만일 수 있다. 사실 우리는 타인의 마음뿐만 아니라 자기 마음도 잘 모르는 경우가 있다. 우리가 일상적으로 경험하는 '감정'도 마찬가지다. 우리는 어떤 이성을 좋아하기 시작할 때 좋아한다는 분명한 생각보다는 떨리고 혼란스럽고 어쩔 줄 모르는 마음 상태에 놓이곤 한다. 시간이 지나서야 '아! 내가 그 사람을 좋아했구나' 하고 알게 되거나, 삼인칭적 접근을 할 수 있는 다른 사람이 그건 좋아하는 감정이라고 알려주기도 한다. 이런 심리 상태를 뇌 영상으로 찍었더라면 자신의 마음을 더 일찍 알 수 있었을지 모른다. '한 길 사람 속은 모른다'는 말은 이제 구시대의 언어가 되고, '내 마음 나도 몰라'가 더 알맞은 말일 수 있다.

마음 읽는 도구들

뇌 영상 기술이 크게 발전해서 마음을 잘 읽을 수만 있다면 소비자들이 선호할 상품을 개발하고 상대 국가가 어떤 전략과 전술로 외교 협상에서 이득을 취하려는지 미리 파악해서 대처할 수 있을 것이다. 마음 읽는 기계를 배경으로 한 사회를 그려낸 영화 〈마이너리티 리포트(Minority Report)〉에서처럼 누가 미래에 범죄를 저지를 사람인지를 예측해서 사회를 통제할 가능성도 완전히 배제할 수 없다.

뇌의 기능을 통해서 마음을 읽고 행동을 예측하려는 시도는 오래전부터 있었다. 17세기 철학자 데카르트는 뇌 아래쪽에 위치한 송과선(pineal gland)이 마음과 몸이 상호작용하는 장소라고 보았다. 18~19세기에 독일 의사 프란츠 요제프 갤(Franz Joseph Gall)은 두개골의 모양과 정신적 특성이 연결된다는 골상학(phrenology) 연구로 당시 대중으로부터 인기를 끌었다. 비슷한 시기에 출간된 소설

《제인 에어(Jane Eyre)》의 23장에서는 주인공 제인이 로체스터의 청혼을 곧바로 수락하거나 거절하지 않고 시간을 들여 그의 얼굴 생김새를 뜯어보며 어떤 사람인지 추측하려는 장면이 나온다.

골상학은 20세기 들어 신빙성이 없는 유사과학(pseudo science)으로 밝혀졌지만, 뇌의 부분으로 심리 상태나 능력을 읽으려는 시도는 멈추지 않는다. 1861년, 프랑스의 신경해부학자였던 폴 브로카(Paul Broca)는 뇌졸중으로 말하는 능력을 잃고 '탕, 탕'이라는 소리만 내는 환자의 뇌에서 왼쪽 전두엽의 전두회(frontal gyrus)에 손상된 조직이 있음을 발견했다. 그 후 100년 동안 유사한 환자들에게서도 같은 손상이 계속 발견되었고, 이 영역은 언어 발화 능력을 담당한다고 여겨지기 시작했다. 반례가 없었던 건 아니다. 브로카의 발견 7년 뒤 1868년 쥘 코타르(Jules Cotard)는 뇌의 좌반구가 쇠약해져 있는 어린이들이 여전히 정상적으로 말할 수 있다는 것을 발견했지만, 이러한 발견들은 무시되었다.

골상학과 브로카의 시도가 완전히 실패한 것으로 밝혀졌지만, 뇌의 특정 부분에 대응하는 기능을 찾으려는 시도는 계속되었다. 1920년대에서 1940년대에 걸쳐 분자의 세포핵이 자성을 띠고 있으며 이 자기장을 탐지할 수 있다는 물리학 연구는 결국 1970년대에 자기공명영상(MRI)을 가능하게 했다. 또 다른 발전은 1990년대에 뇌의 기능적 연구를 통해서 혈액의 산소 소비량이 측정될 수 있음을 알게 되면서 오늘날 대중매체 기사에도 종종 등장하는 기능적 자기공명영상이 개발된 것이다. 하지만 이전에도 인간의 정서, 통증, 인지 상태를 객관적으로 측정해 법적인 판단을 도우려는 시도가 있었다.

— 정서 탐지기, 폴리그래프

1920년대부터 최근까지 용의자 진술의 거짓 여부를 알아내는 데 참고했던 것은 거짓말 탐지기로 불려왔던 폴리그래프(polygraph)다. 사람이 거짓말을 하면 정서가 불안해지면서 맥박, 혈압, 발한, 호흡 등 생리적인 상태가 변화하는데, 이 변화를 측정해서 당사자가 거짓말을 하는지 보는 것이다. 그런데 거짓말을 하는 모든 사람의 정서 상태가 변화하는 건 아니다. 흉악한 범죄를 저지른 범인이 냉혈한이어서 전혀 감정이 동요하지 않으면 폴리그래프로 용의자가 범죄와 관련 있다는 것을 밝힐 수 없다. 또 아무런 범죄를 저지르지 않았는데도 폴리그래프 검사를 하고 있다는 사실만으로도 떨리거나 불안해지는 사람이라면 억울한 범죄자로 몰릴 수 있다. 별다른 증거가 발견되지 않는다면 일반적인 경우 폴리그래프가 유용한 거짓말 탐지 기술로 사용되는 것도 사실이다. 그러나 보통 사람들이 우발적인 범행을 저지르는 경우보다는 흉악범이나 테러범에게 거짓말 탐지기를 사용해야 하는 경우가 많은데, 정작 그들은 죄를 짓고도 냉정한 심리 상태를 유지하는 경우가 많고, 테러범들은 거짓말 탐지기에 걸리지 않는 훈련을 받기 때문에 폴리그래프가 있어도 무용지물이 될 수 있다. 즉, 폴리그래프에는 '거짓말' 탐지기보다는 '정서 상태' 탐지기라는 명칭이 더 어울린다.

— 통증 탐지기, 뇌파도 영상

어떤 사람이 정말로 통증 상태에 있는지 아닌지를 확인하는 것은 보험금이나 보상금을 주거나 받아야 하는 상황에서 결정적 요소다. 통증이 없는데도 보험금이나 보상금 청구를 위해 통증을 가장할 수가 있기 때문이다. 허위로 통증을 호소하는 사기꾼에게 속아 넘어가는 것은 타인이 통증을 느끼는지 아닌지 알 방법이 진술이나 행동밖에 없기 때문이다. 여러 가지 마음 상태 중에서도 통증은 특히 그것을 경험하는 사람만 느낄 수 있기 때문에 일인칭적 관점에서만 접근할 수 있다. 물리적 상해가 없는 정신적 고통이라면 피해자가 거짓말을 하는지는 더 알기 어렵다. 상처가 눈에 보이지 않을뿐더러 정신적 고통의 양과 질은 지극히 개인적이고, 동일한 자극이라도 받는 사람에 따라 차이가 크기 때문이다.

일부 신경과학자는 말이나 행동으로 통증을 표현하지 못하는 전신 마비 환자가 통증을 느끼는지 아닌지를 뇌파도 영상을 통해 밝혀내기도 했다. 식물인간 상태(persistent vegetative state)에 있는 사람이 의식이 있는지 판단하는 것은 연명 치료 여부 결정에 중요하다. 이 판단의 일반적인 기준이 생명윤리학자 피터 싱어가 제시한 '통증(pain)'이다. 어떤 사람이 통증을 느낄 수 있는지 뇌파도 영상이 정확히 측정할 수 있다면, 중증도가 여러 차원인 식물인간 중 의식을 가진 사람을 가려낼 수 있을 것이다. 인간의 의식이나 생명 유지의 기준이 통증을 느낄 수 있는가에 달려있다면, 뇌 영상 도구의 통증 측정 가능성은 생명의 시작과 끝을 재정의하고, 인간이란 과연 무엇인가 하는 철학적 문제를 깊이 탐구할 수 있게 도와줄 것이다.

— 인지 과정 탐색 기계, 뇌 지문 탐지기

폴리그래프가 정서 반응을 탐지한다면, 뇌 지문 탐지기(brain-fingerprinting)는 인지 상태를 탐지한다. 정서나 통증은 외부 혹은 몸 내부의 어떤 자극에 직접적으로 반응하는 현상이지만, 인지 상태는 그런 자극이 없어도 만들어질 수 있다. 그래서 인지 상태를 측정하는 것은 더 복잡하다. 옛 방식의 거짓말 탐지기가 통하지 않는 냉혈한인 범죄자도 범죄를 계획하고 실행하는 과정을 기억하고 있고, 이것은 뇌에 각인(brain fingerprint)되어 있다. 따라서 시각이든 청각이든 자신의 범죄와 유사한 환경이 자극으로 주어지면 일반 환경이 자극으로 주어질 때와는 다른 반응이 나올 수 밖에 없다. 이 점에 착안하여 미국 아이오와주 뇌 지문 연구소의 로런스 파웰(Lawrence Farwell) 박사 팀이 1991년 개발한 뇌 지문 탐지기는 미세한 전극이 내장된 장치를 두피에 씌우고 뇌세포의 활동으로 인해 발생하는 전기 활동을 측정하는 뇌파도를 이용한다. 범행과 연관된 장면을 컴퓨터 화면으로 보여주면서 뇌파 반응의 변화를 측정하면, 범죄자가 뇌에 각인되어 있는 범죄 장면을 인식하는 과정에서 특정 뇌파(P300)가 발생하는데, 이를 통해 유죄 지식이 있는지를 검사(guilty knowledge test)하는 것이다.

2014년 우리나라에서 '팔달산 토막 살인' 사건 혐의로 체포되었던 피의자는 폴리그래프와 더불어 이 뇌파 검사를 받았다. 피의자는 피해자를 살해한 곳으로 추정되는 한 장소의 사진을 보고 그곳을 '모른다'라고 답했지만, 범행 현장 사진과 피해자의 시신, 옷 등을 사진으로 보여주면서 피의자의 뇌파 움직임을 파악한 결과 뇌파가 급변했고, 이는 피의자가 그 장소와 범행 사실을 알고 있는 것으로 해석되었다. 현재 전 세계적으로 폴리그래프와 뇌파 검사 모두 법정에서 증거 자료로 채택되지는 않지만, 혐의점을 명확히 하고 피해자의 진술을 심층적으로 이해하는 데 활용할 수 있다.

통증, 정서, 인지 상태를 아우르는 심리 상태를 측정하는 것이 장차 가능해진다면, 고문과 호통은 구시대의 유물이 될 것이다. 고문과 같은 비인격적이고 원시적인 방법이 거센 비판을 받으면서도 오랜 역사를 거쳐 지금까지 계속되었던 것은 범죄자가 거짓말을 하는지 아닌지 그 마음을 객관적으로 읽을 방법이 따로 없었기 때문이다. 하지만 앞으로는 심증은 있되 물증이 없어 수사가 미궁으로 빠지더라도 증거 없이 계속 추궁을 반복할 필요가 없어질 수도 있다.

마음 읽는 기계가 의식의 미스터리를 해결할까?

인지신경과학은 분자 수준의 신경과학에서 더 나아가 사고나 학습 같은 고차 인지 과정을 설명하기 위해 시작되었고, 뇌파도, 경두개자기자극, 기능적 자기공명영상을 비롯한 여러 도구를 가능하게 했다. 이런 뇌 영상 도구들은 단지 연구 수단에 그치지 않고 우울증 같은 상태를 바꾸거나 종교적 경험을 하게 하는 등 우리 마음 상태에 작용한다. '신경 테크놀로지'는 비물질적인 것으로 여겨졌던 마음을 직접 변화시키는 '마음 테크놀로지'가 되고 있다.

뇌를 영상으로 보는 과학기술 도구가 철학적으로 의미 있는 것은 마음이 작동할 때 뇌가 활동하는 과정을 실시간으로 관찰할 수 있게 되면서 과학과 철학 모두 해결하기 어려웠던 문제인 마음과 뇌의 관계를 비교적 직접 탐구할 수 있게 되었다는 점이다. 우리는 마음이 뇌에서 생겨난다는 것은 알고 있지만 '뇌'는 물질적인 것으로, '마음'은 물질과는 다른 것으로 생각해왔다.

뇌 지문 탐지기나 자기공명영상 기술은 단순히 과학의 도구를 넘어서서 심리철학과 인지과학, 과학철학의 공통된 문제인 마음-뇌 관계에 경험적 근거를 주기 때문에 주목을 받는다. 2500여 년 전 과학자이자 철학자였던 아리스토텔레스가 언급한 이후로 과학과 철학이 해결하지 못한 문제는 마음이 어떻게 뇌에서 생겨나는가 하는 것이다. 호주의 철학자 데이비드 차머스(David Chalmers)는 마음과 뇌의 관계를 '어려운 문제'라 칭했다.*

뇌와 마음의 관계를 증명하는 게 특히 어렵다고 말하는 이유는 무엇일까? 의식의 여러 현상을 연구하는 신경과학자 크리스토퍼 코흐(Christopher Koch)도 뇌 안에서 신경 정보가 처리되는 절차를

---

* 차머스는 신경과학의 작업은 '쉬운 문제(easy problem)'라 불렀다. 물론 신경과학 연구가 정말로 쉬운 작업이라는 이야기는 아니다. 신경과학에서 마음의 작동을 담당하는 신경 간의 정보 전달이 어떻게 이루어지는지를 연구하는 작업도 결코 쉬운 일이 아니기 때문이다.

이해하기가 쉽지는 않아도 언젠가는 밝혀질 수 있다고 보는 반면, '어떻게' 뇌 안의 신경 과정에서 '마음'이라는 손에 잡히지 않는 상태가 나오게 되는지는 알아내기가 어렵다고 했다. '뇌'와 '마음'은 둘 다 정보를 처리한다는 점에서는 같지만, 처리되는 정보의 종류가 다른 것으로 추정되기 때문에 어떻게 다른 두 종류의 정보가 연결되는지를 알기란 쉽지 않다.

그래도 이 어려운 문제들을 푸는 열쇠를 발견하는 데 조금씩 접근하는 것은 뇌 영상의 발전 덕분이다. 뇌 영상 도구를 이용한 연구 방법과 영역이 넓어지면서 심리학과 인지신경과학의 벽은 허물어졌고, 철학과 인지신경과학, 심리학 사이에서 방법론을 공유하고 서로 의견을 주고받는 협동연구도 영미권에서 활발하다. 그런데 우주의 문제를 푸는 열쇠로까지 여겨져 온 '의식'의 문제를 이렇게 다른 시각으로 조망할 수 있다는 점은 이제 우리가 새로운 색깔의 안경으로 세상을 보기 시작했다는 것이지, 모든 문제가 해결될 실마리를 이미 발견했다는 이야기는 아니다.

뇌 영상을 도구로 하여 진행한 연구 결과들은 요즘 신문을 비롯한 대중매체에 곧잘 등장한다. 여느 흥미로운 기사들만큼이나 우리의 관심을 끄는 것은 군데군데 현란하게 채색된 뇌 영상 사진과 설명이다. 뇌 영상은 현재 신경과학의 가장 첨단에 있는 과학기술이 아니던가. 첨단 기술이 보여주는 영상은 그것 자체를

과학적이고 객관적이며 진리인 것처럼 느끼게 만든다. 특히 대중매체에 종종 등장하는 뇌 영상의 연구 결과물들은 보통 "사진에서 붉은색으로 나타나는 부위는 이 사람의 정치 성향이 진보임을 나타낸다" 같은 설명으로 특정 뇌 영역과 구체적인 심리 상태를 연결한다. 이러한 설명 방식은 과학의 진보가 비전문가들도 과학기술을 가까이하게 만들었다는 환상을 품게 한다. 그런데 대중매체가 과학을 소개하는 이런 설명은 '과학적 사실'이 아니며, 철학적으로도 '좋은 설명'이 아니다.

그렇다면 대중매체에서 뇌 영상을 근거로 설명하며 어떤 주장을 할 때 우리는 어떻게 받아들여야 할까. 먼저 뇌 영상이 어떤 현상에 대해 아직은 완벽한 원인을 설명하지 못한다는 점을 고려해야 한다. 그리고 뇌의 상태는 정치적 현상이든, 사회현상이든 뇌 외부의 환경에 의해 변화될 요소가 많으며, 순간의 상태만으로 설명되기는 어렵다는 점을 기억하자. 뇌 영상을 자료로 하여 보도된 내용은 뇌 영상과 그 기사가 다루는 현상이 관련성이 있다는 정도로 받아들이고, 그 관련성은 1퍼센트부터 99퍼센트까지 매우 다양하리라는 점을 기억하면 무조건적인 신뢰로 잘못된 의사 결정을 내리는 일이 줄어들 것이다.

CHAPTER 7

뇌 영상 탐지기의 원죄

마음-몸 문제는 세계의 매듭이다.

—**아르투어 쇼펜하우어, 《충족이유율의 네 겹의 뿌리에 관하여》**

* 7장의 내용은 많은 부분 다음의 글을 수정하여 재구성한 것이다. 김효은, 〈보이는 것이 다가 아닌 이유: 뇌신경과학의 응용에 관한 과학철학적 조망〉, 《철학과 현실》 2011년 봄호(통권 제88호), 181~197.

뇌 영상은 마음으로 가는 직행열차인가

2015년 우리나라는 처음으로 뇌 영상 기술을 토막살인범의 범행이 고의적인지 아닌지 가리는 참고자료로 사용했다. 자기공명영상으로 뇌를 촬영하며 다양한 질문과 사진을 제시했을 때 뇌의 어떤 부분이 활성화되는지를 본 것이다. 기존의 거짓말 탐지기는 아직 정식 법적 증거로 인정되지 않고 뇌 영상 기술도 참고자료로만 고려되지만, 다른 증거로는 불가능한 정신감정을 할 수 있다. 범인 측은 어린 시절 사고로 두뇌 일부가 손상되었을 가능성이 있으며 이 손상은 충동 조절에 큰 영향을 미치므로 살인에 분명한 '의도'가 없음을 보여줄 수 있다고 주장했다. 범죄의 형량을 결정할 때 범인이 사이코패스로 밝혀지면 살인이 고의적인 것으로 간주되어 중형이 선고된다. 반면, 사이코패스가 아니고 두뇌 손상이 심각할 정도여서 살인 의도가 없다고 판단되면 우발적 폭행치사로 해석되어 형량이 줄어들 수 있다. 그러므로 두뇌의 손상 여부를 판정하는 것은 중요하다.

이 토막살인범의 경우, 일부 뇌 손상이 범인의 충동성과 공감 능력 결여에 영향을 미쳤을 가능성이 있지만 의사 결정 능력은 있는 것으로 밝혀졌다. 따라서 이전의 중형 판결을 뒤집을 수는 없었다. 뇌 영상 자료가 공식적인 법적 증거는 아니지만 이렇게 주요한 참고자료로 사용된다는 것은 한 사람의 '의도'를 뇌 상태를 통해 확인할 수 있음이 사회적으로 인정된다는 것이다. 최근에는 이렇게 뇌과학을 통해 인간의 마음 상태를 추론하려는 시도가 계속되고 있다.

그런데 뇌 영상을 통해 확인된 특정 뇌 부위의 활성화가 '의도'를 정확히 알려주는 것일까? 사기꾼으로 의심되는 사람의 뇌 영상을 찍으면 그가 거짓말을 하는지 알 수 있을까? 뇌 영상에 나타난 데이터를 보고 "이 뇌 상태에 있는 사람은 어떠어떠한 마음 상태에 있다"라고 말할 수 있으려면 특정한 뇌 상태 'A'와 마음 상태 '갑'이 그저 관련되는 정도를 넘어서서 일대일로 대응될 정도로 밀도 있어야 한다. 일대일 대응이란 바로 그 뇌 상태가 다른 마음 상태가 아닌 '이' 상태만 가리키는 것이고, 또 이 마음 상태는 다른 뇌 상태가 아닌 바로 그 뇌 상태에만 관련되어 서로 '원인과 결과의 관계'에 있다는 것이다.

상관관계와 인과관계

토막살인범의 뇌 영상 분석을 참고한 앞의 사례를 보고 뇌 영상을 통해 어떤 마음 상태인지 알 수 있다고 오해할 수 있다. 그러나 사실은 그렇지 않다. 어떤 심리 상태에 있을 때 뇌의 특정 부위가 활발하게 활동한다는 것은 그 뇌 영역이 그 심리 상태와 가지는 '상호관련성(correlation)'만을 밝혀준다. 뇌 영상 자료만으로는 그 뇌 영역의 활발한 활동이 그 마음 상태를 만들어낸다는 '인과성(causality)'을 밝혀주는지 알 수 없다.

'서로 관련을 가지는 것', 즉 상관관계를 가진다는 것은 두 상태, 예를 들어 사건 갑과 사건 을이 동시에 발생하는 상황을 말한다. 여름에는 아이스크림의 판매량이 증가한다. 동시에 맥주 판매량도 증가한다. 그렇다고 해서 아이스크림 판매량 증가가 맥주 판매량 증가의 원인이 된 것은 아니고, 그 반대도 아니다. '더운 날씨'라는 제3의 요소가 두 품목 판매량 증가의 원인이다. 즉, 두 사건에서 갑은 을의 원인일 수도 있고, 을이 갑의 원인일 수도 있다. 또는 제3의 원인이 갑과 을 모두를 발생시킬 수도 있고, 숨어 있는 진짜 원인은 금방 드러나지 않을 수도 있다. 마찬가지로 어떤 심리 상태에 있을 때 특정 뇌 영역이 활동한다는 것은 그 심리 상태와 그 뇌 영역의 활동이 뇌 영상을 찍었을 당시 '동시에'

발생했다는 것은 알려주지만, 어느 한쪽이 다른 한쪽의 원인이라든가, 동일한 원인이 있다는 것을 의미하지 않는다.

혹시 상호관련성이 반복되면 인과성이 되지는 않을까? 뇌 영상 자료가 보여주는 상호관련성은 나중에 우연히 원인-결과의 관계가 될 수는 있지만, 그렇게 된다고 보장할 수 없는 아주 약한 관계다. 뇌 안의 연결 관계가 대단히 복잡하기 때문이다. 뇌 안의 신경 그물망의 인과관계는 일차원적으로 쭉쭉 이어지는 것이 아니라 다양한 원인 및 결과와 연관되어 있다. 인과관계를 알기 위해서는 특정 심리 상태와 연관이 있어 보이는 신경 상태(신경 상관물neural correlates of consciousness이라고 불림)의 발화가 바로 그 마음 상태에 대응하는 것인지, 아니면 그와 관련된 다른 인지 기능 때문에 부수적으로 나타난 반응인지, 그것이 바로 가까이 있는 원인(근인近因, proximal cause)으로 인한 것인지, 가까이 있지는 않지만 한참 걸려 찾아낼 수 있는 궁극적 원인(ultimate cause)으로 인한 것인지 알아야 한다.

신경과학이 놀라운 발전을 이루기는 했지만 어떤 심리 상태에 해당하는 신경 상관물을 찾는 것이 쉽지 않은 또 다른 이유는 신경 상관물이 뇌의 어느 하나 혹은 두세 부위에 있지 않고 신경의 전체 메커니즘과 긴밀히 연관된 총체적(global) 특성을 보이기 때문이다. 게다가 우리의 심리 상태는 잠깐 일어났다가 사라지는 것이 아니라 다른 심리 상태나 외부 환경과 영향을 주고받기 때문에 그 관계 연결망은 다수의 원인과 다수의 결과로 연결되는 것이 일반적이리만큼 복잡하다.

뇌 영상은 사진기가 아니다

fMRI 같은 뇌 영상 도구가 만약 '인과'를 찾는 방법을 가지고 있다면 뇌 영상 데이터에서 마음을 추론하기가 쉬워질 듯하다. 그런데 쉽지 않다. 뇌는 특정 부위에 활동이 증가하면 그 조직에 혈류 공급이 늘어나는데, 이때 혈류 속에 산소와 결합한 헤모글로빈의 비율이 늘어난다. 헤모글로빈의 비율이 높은 곳에서는 활동이 덜한 다른 곳보다 신호의 강도가 높다. 이 차이를 측정하는 신호, 즉 혈류 산소 수준(Blood Oxygen Level Dependent, BOLD)을 잡아내는 것이 뇌 영상 도구의 원리다.

그런데 이 신호가 곧바로 뇌 영상으로 나오는 것이 아니라, 먼저 이차원 영상으로 구성된 다음 다시 삼차원 영상으로 구성되는 여러 과정을 거쳐 우리가 보는 영상이 된다. 이때 뇌 영상 도구는 신경세포들이 활동할 때 뇌 전체 영역 중 특정 영역 혈액의 산소 소비량과 같은 전체적 패턴을 보여줄 뿐, 신경세포들이 서로 어떻게 전기 신호를 주고받으면서 활동하는지 구체적인 세부사항까지는 알려주지 않는다.

뇌 영상 연구와 다른 공간적 해상도에서 진행되는 뇌 세포 연구는 뇌의 기본 요소인 뉴런이 어떻게 움직이고 어떤 전기 신호가 발생하는지를 관측함으로써 뉴런 개개의 동작을 알 수 있게 해준다. 그러나 이를 안다고 해서 무수히 많고 복잡한 뉴런 간의 관계를 알기란 어렵다. 게다가 뇌 세포 연구는 직접 전극을 꽂거나 머리를 절개하는 시술이 필요하기도 해서, 머리를 절개하지 않고도 뇌의 전체적 모습을 관측할 수 있다는 점은 뇌 영상 연구의 장점이다.

그렇다면 전체적인 뇌 활동의 패턴을 보여주는 뇌 영상으로 심리 상태를 파악할 수도 있지 않을까? 그렇지 않다. 한 반례를 보자. fMRI를 뇌 거짓말 탐지기로 사용할 때 보통 거짓말과 관련된다는 뇌 영역은 복외측 전전두피질(ventrolateral prefrontal cortex, VLPFC), 배외측 전전두피질(dorsolateral prefrontal cortex, DLPFC), 등내측 전전두피질(dorsal medial prefrontal cortex, DMPFC), 전측 대상피질(anterior cingulate cortex, ACC)이다. 미국 워싱턴 대학교의 뇌 신경 영상학 권위자인 마커스 레이클은 뇌 거짓말 탐지기가 사용하는 뇌 영상 자료에서 예컨대 '거짓말'과 '특정 뇌 영역의 신경 활동 증가'가 서로 강력하게 연관되기 어려운 이유를 제시한다.[1] 첫 번째 이유는 거짓말과 관련된다고 알려진 뇌 영역들이 남을 속이는 심리 활동 외의 다른 심리 활동을 할 때도 활성화된다는 점이다. 두 번째 이유는 개인에 따라 뇌 기능에 차이가 있다는 점이다. 뇌 영상을 필요로 하는 사람에게 영상을 제공하는 회사 세파오스가 거짓말을 하는 사람의 뇌 영상 표본을 만들기 위해 모집한 연구의 피험자들은 18세에서 50세 사이였다고 밝혀져 있다. 그렇다면 만약 58세인 사람이 찾아와 자신이 참말을 한다는 증거의 뇌 영상을 의뢰할 경우, 세파오스에서 가지고 있는 표본과는 뇌의 성숙도가 다르기 때문에 정확한 판단을 내린다고 하기 어렵다. 인간의 뇌는 대략적으로 비슷하지만, 어떤 사람은 뇌의 절반이 없어도 정상인처럼 모든 심리 기능을 다 수행할 정도로 뇌 기능의 분포에는 개인 차이가 있다. 또, 개개인의 경험에 따라서 동일하고 익숙한 자극이라도 다른 반응이 나타날 수 있다.

2007년 11월 11일 《뉴욕 타임스》에 실렸던 "이것이 정치성향을 보여주는 당신의 뇌다(This Is Your Brain on Politics)"[2]는 UCLA의 신경학자 마르코 야코보니(Marco Iacoboni)와 그 동료들이 2008년 대선에서 누구를 찍을지 아직 정하지 않은 사람들에게 대통령 후보자들의 연설 동영상과 사진을 보여주고 그 반응을 fMRI로 찍은 결과를 실은 기사다. 이 연구는 특정 후보자의 사진에 대해 피험자들의 편도체에서 커다란 활동이 탐지되었고, 편도체는 공포를 담당하는 부분으로 알려져 있으므로 피험자들이 그 후보자에 대해 부정적이라고 보고했다. 그러나 편도체는 공포뿐만 아니라 행복감이나 즐거움을 느낄 때도 활발하게 활동한다. 긍정적, 부정적 감정이 동시에 관련되어 있는 영역이어서 어느 하나의 감정을 담당하는 영역이라 할 수 없다. 야코보니와 동료들은 신경학적 지식을 가지고 있는 신경학자임에도 불구하고 뇌 영상 자료를 확대해석했다.

이런 종류의 기사들은 정치적 성향뿐만 아니라 남녀의 뇌 차이, 흑인과 백인의 뇌 차이, 종교에 따른 뇌 차이, 동성애자와 이성애자의 뇌 차이 등 뇌 영상을 통해서 집단의 차이를 밝히는 뇌형 분석(brain typing)을 주제로 삼는 편이다. 이런 주제들은 특정 집단에 쉽사리 불리하게 작용하면서 대중에게 선정적으로 호소하곤 하는데, 우리는 앞의 예시와 같이 잘못된 해석이 가능하다는 점을 조심할 필요가 있다.

편도체 외에 이런 종류의 기사들에 자주 등장하는 또 다른 뇌 영역은 전측 대상피질인데, 그 자체로 논란거리가 많은 영역이다. 전측 대상피질은 감정 조절을 비롯한 수십 가지 이상의 정서적 기능뿐만 아니라 주의 통제와 같은 인지 기능과도 연관되어 있는데, 짧고 제한된 지면에서 방대한 내용을 다루어야 하는 기사에서는 불가피하게 주로 한 가지 기능만 강조하며 뇌 영상 결과를 확대해석하는 경우들이 있다.

뇌 영상 도구의 원죄

뇌 영상 탐지기가 아주 많이 발전해 신경과학이 '완벽'해지면 억울하게 죄인의 누명을 쓴 사람들을 구해낼 수도 있다. 그런데 그러려면 뇌 영상 도구 외에 '거짓말'의 특성도 정확히 알아야 한다. 과학기술만 발전한다고 문제가 다 해결되는 건 아니다.

거짓말하는 사람을 정확히 파악해내는 데 어떤 조건이 필요할까? 기존의 거짓말 탐지기에서 아이디어를 얻을 수 있다. 거짓말 탐지기가 측정하는 맥박, 혈압 따위는 거짓말을 했을 때 정서가 변하면서 함께 변하는 것이다. 그러므로 냉혈한이나 소심한 사람을 잘못 판단할 가능성이 있다. 정직한 사람을 거짓말쟁이로 잘못 진단하는 경우(거짓 양성, false positives)나 거짓말하는 사람을 정직한 사람으로 잘못 진단하는 경우(거짓 음성, false negative)가 생길 수 있는 것이다. 뇌 영상 탐지기가 완벽한 거짓말 탐지기가 되려면 뇌 영상 자료를 해석할 때 두 경우를 모두 배제할 수 있어야 한다.

그런데 뇌 영상 자료에 대한 해석의 문제 이전에 더 근본적인 문제가 있다. fMRI로 우리 뇌를 측정했을 때 우리에게 주어지는 자료는 뇌 영상 사진이 아니라 '외부 자극이 주어진 시간' 정보와 1만 개에서 5만 개가량의 '복셀(voxel, 의료나 과학 데이터 시각화 및 분석에 자주 사용되는 단위 값으로, 부피를 가지며 다른 복셀 그룹들과의 위치 관계를 통해 그 값을 매긴다)'로 구성된 이미지 자료다. 이 자료를 통해 뇌 전체의 신경 활동이 언제 어느 부분에서, 얼마나 많이 발생했는지 매개변수들을 알아내기 위해 통계 모형을 사용한다. 그런데 이 통계 모형은 신경 활동과 뇌 안의 혈류 움직임 그리고 fMRI 도구에서 나오는 신호를 연결한 것일 뿐, 신경 활동이 어떻게 되고 있는지를 알려주는 건 아니다. 게다가 신경 활동과 자기공명영상 신호를 연관 짓는 방법은 한 가지가 아니라 다양하다. 또한 MRI 신호로 연결할 때 피험자의 움직임이나 자기장 변동 등으로 생긴 잡음(noise)은 제거되는데, 이 잡음을 판별하는 방법도 다양하다. fMRI 자료를 분석하는 통일된 방법이 없기 때문에, 뇌 영상 도구로 연구하는 이들은 각 연구에서 사용되는 소프트웨어나 모형의 세부사항을 알지 못하면 MRI 신호로 변환된 정보를 올바르게 해석하기 어려워진다.

거짓말의 논리

뇌 영상 기술의 불완전성은 과학만 발전한다고 해결되는 문제가 아니다. 과학적 연구만으로는 반쪽에 불과하다. 과학적 자료에 대한 해석이 온전해지려면 인문학적 검토가 필요하다. 거짓말 탐지 서비스를 제공하는 회사에서는 거짓말 여부에 따른 뇌 활성화 패턴의 모델을 구축하기 위해 피험자에게 거짓말을 하게 한다. 피험자에게 '거짓말을 하라'라고 지시하고, 이때 피험자의 뇌에 생기는 활성화 패턴을 뇌 영상으로 파악하는 것이다. 그런데 이 피험자들은 자발적으로 다른 사람을 속일 필요성 때문에 거짓말을 하는 것이 아니다. 즉 거짓말을 하는 동기나 환경, 자발성 등이 다르다. 가상으로 거짓말하는 상황에 참여하는 피험자들은 "이 거짓말을 하면 이 사람은 이렇게 반응을 하고, 저 사람은 이런 행동을 취할 텐데……. 음, 그러니까 이 거짓말을 이렇게 수정해서 속여야겠군" 하는 식으로 열심히 스토리를 만들어낼 필요가 없다. 실제 사기꾼처럼 '미리 계획을 세워 여러모로 의도된 거짓말'을 하는 것이 아니라 '거짓말을 하라고 하니까 그냥 한번 해보는 거짓말'을 하게 된다. 자발적으로 속일 때의 뇌 활성화 패턴과 비자발적으로 거짓말을 할 때의 뇌 활성화 패턴은 많이 다를 수밖에 없다.

그러면 사기범으로 투옥된 사람들을 모아서 뇌 영상 패턴을 만들면 어떨까? 이 경우에도 문제는 여전히 남는다. 사기범 전력이 있는 사람을 피험자로 참여시켜도, 실제 '생생한 현장'에서 거짓말을 할 때와는 달리 비자발적인 '실험실 환경'이 되는 것은 마찬가지다. 실제 거짓말을 하는 상황이 만들어지기 어려우므로 '생생한 거짓말쟁이'의 뇌 활성화 패턴을 얻기는 어렵다. 뇌 영상 패턴을 찍을 때의 피험자가 일반인이냐 진짜 사기범이냐가 문제가 아니라 뇌 영상을 찍을 때의 환경 자체가 실제 '거짓말'이 발생하는 맥락이 잘 반영되기가 어렵다는 점이 문제다.

구매 계획을 알아보는 뇌 영상 조사를 하고 이 패턴으로 예측해보았을 때 높은 확률의 선호도가 나왔던 상품이 실제로는 구매율이 높지 않은 경우도 이런 맥락에서 이해할 수 있다. 코카콜라를 펩시보다 선호한다고 해도 선택의 상황에서는 다른 구매자의 선택이나 판매원의 권유 등 당시 상황에 영향을 받을 수 있다.

뇌 영상과 논리로 잡히지 않는 마음의 부분

뇌 영상 도구가 완벽하다고 가정하자. 그리고 거짓말의 상황도 실제처럼 완벽하게 재현할 수 있다고 가정하자. 그래도 우리 인간의 마음은 그보다 몇천 배는 더 복잡하다. 국내에 《사이코패스 뇌과학자(The Psychopath Inside)》라는 제목으로 번역된 책의 저자 제임스 팰론(James Fallon)은 사이코패스의 뇌를 20여 년간 연구해온 캘리포니아 어바인 대학교의 신경과학자다. 그는 휴가 기간에 부모님 댁을 방문했다가 어머니로부터 자기 조상 중에 사이코패스가 있음을 듣게 되었다. 증조부가 친모를 살인한 죄로 사형을 받았다는 것이다. 게다가 증조부와 같은 시대에 살던 친척들 예닐곱 명 모두가 흉악한 살인을 저질렀다는 것도 알게 되었다. 팰론은 자기가 그들의 후손이므로 유전적인 뇌의 구성에 닮은 점이 있을 것이라고 생각하고 자신의 뇌를 양전자 단층촬영(positron emission tomography, PET)으로 찍어보았다.

놀랍게도 팰론의 뇌 구성이 그동안 연구했던 사이코패스 살인자들의 뇌 구성과 매우 흡사했다. 사이코패스의 것과 동일한 뇌를 갖고 있는 자신은 50여 년간 살아오면서 어떤 범죄도 저지르지 않았다는 사실이 흥미로웠다. 사이코패스의 뇌와 유사한 뇌 구조를 가진 팰론은 흉악한 범죄를 저지를 확률이 보통 사람보다 높은 걸까? 지금까지는 아무런 일이 없었지만 언젠가는 범죄를 저지르게 될까?

하지만 팰론이 연구한 대상은 범죄자의 일부일 뿐이다. 어떤 범죄자들은 전전두엽이 아닌 측두엽(temporal lobe)과 편도체가 손상되어 있고, 어떤 범죄자들은 아무런 손상이 없기도 하다. 반면 전전두엽이 손상되어 있는 비범죄자도 있다. 뇌의 특정 영역의 손상과 범죄를 저지르는 마음 혹은 행동은 인과관계가 아니라 아주 약한 상관관계만 가지고 있기 때문이다. 이는 남을 속여 이득을 챙기는 사기꾼의 마음이나 살인자의 마음을 만들어내는 데 뇌 이외의 다른 요소들도 작용한다는 의미다.

팰론은 자신의 뇌가 흉악한 범죄를 저지른 사이코패스의 뇌와 아주 흡사한데도 범죄를 저지르지 않은 원인이 무엇인지 생각하고 또 생각했다. 결국 그는 어린 시절부터 지금까지 우호적이고 화목한 가정 환경에서 자라온 것이 자신의 사이코패스적인 뇌를 아무것도 아닌 것으로 만든 축복이라 결론짓는다. 우리의 심리 상태는 타고난 유전적, 신체적 환경으로부터 출발하지만, 양육 환경이나 사회 문화적 상황에 의해서도 크게 좌지우지된다는 것이다. 이것은 '본성(nature)이냐, 양육(nurture)이냐'라는 오래된 논쟁에서 환경의 편을 드는 것도, 본성의 편을 드는 것도 아니다.

팰론의 뇌와 마음, 환경의 관계가 보여주는 것은 사이코패스의 상태에 있는 사람들의 뇌 영상을 본다 한들 마음의 상태를 추론해낼 수 없다는 것이다. 손상을 입은 뇌의 영역만으로 환자의 심리 상태를 예측하거나 미래의 범죄자를 감시하는 법적 증거로 사용하는 것은 논리적 비약이다. 마음과 뇌 간의 복잡한 연결 관계,

뇌 영상 사진이 나오기까지 거쳐야 하는 복잡한 기술적·통계적·방법론적 문제들, 뇌 영상 사진에 관한 해석의 다양성, 뇌 영상 실험 결과를 피험자들 외의 사람에게 적용할 때 생기는 개인 차이, 당사자가 겪어온 물리적, 사회문화적 환경 차이 등 무수한 단계 중 하나만 고려하지 않아도 잘못된 해석에 빠지기는 너무 쉽다. 이런 많은 요소를 모두 꼼꼼히 항상 살펴보기란 어려울 수 있지만 간편한 해석을 그대로 받아들이지 않고 한걸음 떨어져서 이 요소들을 생각해보자. 더욱 균형 잡힌 관찰을 할 수 있을 것이다.

CHAPTER 8

인공적 진화와 마음 성형

"장점을 가려내는 느린 방법은 적자생존이고
빠른 방법은 지능을 사용하는 것이다."

—**앨런 튜링, 〈계산 기계와 지능〉**

인공적 진화

메이저리그 야구선수 배리 본즈(Barry Bonds)는 스테로이드 복용으로 적발될 때까지 7번이나 MVP를 수상했고, 단일 시즌 73개의 최다 홈런을 내는 등 여러 기록을 휩쓸며 '야구의 신'으로 불렸다. 그가 불법으로 사용했던 스테로이드는 일반인이 헬스장에서 근육운동을 할 때 보조제로 섭취하는 단백질 파우더보다 더 빨리 근육을 만들 수 있게 한다. 단백질 파우더는 운동할 때 근육의 양을 늘리는 데에 장기적으로 도움을 주지만, 단백질 파우더를 많이 먹고 최대한의 양과 질로 운동을 하더라도 인간의 근육이 낼 수 있는 힘의 한계를 넘어설 수 없다. 반면, 스테로이드가 근육의 힘을 더해준다는 점은 단백질 파우더와 같지만 단시간 내에 인간이 운동만으로 늘릴 수 있는 근육 양과 힘의 한계를 넘어서게 하므로 경기 전 복용하면 부정행위가 된다. 단거리 육상이나 역도 등 짧은 시간 안에 폭발적인 힘을 내야 하는 분야에 스테로이드는 큰 도움이 된다. 스테로이드를 복용하고 경기를 한 선수는 달리기 시합에서 출발선을 다른 선수의 것보다 훨씬 앞에 그려놓은 셈이어서 공정한 경쟁을 한 것이 아니다.

콜라와 커피는 달고 쌉싸름한 맛도 맛이지만 피곤한 정신을 깨워주는 효과가 있기 때문에 잘 팔린다. 단백질 파우더가 근육을 만드는 데 도움이 되듯, 자양강장제나 뇌의 활동을 원활하게 해준다는 총명탕도 종류만 다르지 유사한 기능을 한다. 그런데 배리 본즈가 복용했다는 스테로이드처럼 강력한 효과를 내어 원래 가지고 있는 정신 능력의 한계를 넘어설 정도는 아니다.

'리탈린'이라는 약은 본래 주의력 결핍 장애를 겪는 사람들을 치료하기 위한 것이다. 그런데 시험 전에 학습능력을 높이기 위해 일반인이 허위로 처방을 받아 사용하는 사례가 세계적으로 늘었다. 단백질 파우더는 허용되고 스테로이드는 허용되지 않는 이유가 콜라와 리탈린에도 똑같이 적용될까? 아니면, 집중력을 높이는 약물을 먹는 것은 스테로이드 복용과 다르게 윤리적으로 아무런 문제가 없고 커피를 마셔 집중력을 높이는 것처럼 자연스러운 것일까?

일반적으로 시험이나 경쟁은 특정 점수를 넘은 사람만 통과할 수 있다. 이 경우 만약 어떤 학생에게는 리탈린의 사용을 허용하고 다른 학생들에게는 허용하지 않는다면, 산수 시험에서 어떤 학생만 전자계산기를 사용하도록 하는 것처럼 기회의 균등에 어긋난다. 물론 이 유비가 정확하지 않다고 반박할 수도 있다. 과외 수업이나 선행학습도 어떤 의미에서는 기회의 균등을 깨뜨리는 요인일 수 있기 때문이다. 그러나 선행학습이나 과외 수업으로 시험에서 좋은 점수를 얻을 가능성을 높인다고 해도, 시험 당일의 인지능력을 높여줄 수는 없다. 과외 수업을 받지 못하더라도 공부하는 시간을 늘려 만회할 수도 있다. 하지만 리탈린은 스테로이드가 그런 것처럼 커피를 마셔서 높일 수 있는 집중력의 한계를 훨씬 넘어 인지능력을 높여준다. 콜라나 커피 대신 충분한 휴식과 같은 자연적 방법을 통해서 맑은 머리와 좋은 몸 상태를 가질 수 있지만, 리탈린은 그 이상의 능력을 갖추게 해준다는 점에서 다른 자연적 방법으로 대체할 수 없다. 이제 인간의 정신 능력이 자연적으로 진화되어온 상태를 넘어서서 인간 스스로가 뇌신경에 인위적으로 개입해서 정신을 '인공적으로 진화'시키는 시대에 이르렀다.

'인공적 진화'는 '자연적 진화'에 정확히 대응하는 표현이 아니다. 화학적 약물이나 전자칩 같은 인공적 수단으로 인간의 마음과 몸이 새로운 단계로 나아가는 것을 '진화'라고 표현하는 것이 개념적으로 정확하지 않을 수 있다. 자연적 진화에서 중요한 요소인 '선택(selection)'이라는 생물학적 개념을 인지 향상이나 정서 향상에 어떻게 적용할지는 아직 확실하지 않기 때문이다. 생물학적 진화는 '의도'가 개입되어 있지 않은, 오래 걸리는 과정인 데 비해, 정신 능력의 향상은 '의도'가 개입된, 그것도 꽤 신속하고 급진적이라는 점에서도 다르다. 그러므로 '인공적 진화'에서 '진화'라는 단어는 은유적으로만 사용된 것이다. 진화학자 찰스 다윈이 식물의 품종개량을 통해서 동물의 진화를 이해한 것에 비유해 인간 정신의 질적 상승을 이해해볼 수 있다. 인간의 심리는 과거의 자연적 진화와는 또 다른 질적 도약을 맞이하고 있다.

이 같은 상황을 예견한 것일까? 인공지능 아이디어의 창시자인 앨런 튜링은 인지과학의 고전으로 꼽히는 〈계산 기계와 지능〉의 마지막 절 "학습 기계(Learning Machines)"에서 장점을 가려내는 방법 중 적자생존은 느린 방법이고 지능을 사용하는 것은 빠른 방법이라고 했다. 이보다 더 일찍이 다윈과 동시대에 살았던 작가 새뮤얼 버틀러(Samuel Butler)는 인간이 기계가 되기를 인위적으로 '선택'하여 진화된 종이 될 것이라 보았다. 로봇 전문가 한스 모라벡(Hans Moravec)도 《마음의 아이들(Mind children)》(1988)에서 2050년 이후에는 인간의 정신 능력을 추월한 로봇이 나올 것이라고 생각했다. 그러나 지금 살펴보건대 신경 약물과 전자칩으로 인간의 한계를 넘어선 향상된 인간이야말로 생물학적 인간의 정신 능력을 추월한 새로운 존재다. 우리는 기계나 로봇이 인간을 밀어내는 것을 두려워하고 있지만, 신경 약물을 사용하거나 전자

칩과 결합한 인간은 생물학적 인간의 한계를 넘어선 새로운 종이 될 수도 있다.

'인간'의 조건

'향상(enhancement)'이란 본래의 상태보다 더 강하거나 높게 한다는 뜻이다. 과학기술을 이용해서 인간의 몸과 정신 상태를 스스로 향상하려는 시도는 대개 반감을 일으키곤 한다. 이런 반감에 합리적 이유가 있다는 것이 생명윤리학자 리언 카스의 생각이다. 카스는 조지 W. 부시 대통령 시절 생명윤리위원회 위원장을 맡아 당시 배아 연구를 비롯한 과학기술의 응용을 금지하는 데 앞장섰다. 카스는 신경 약물로 심리적 능력을 향상하는 것 역시 반대하는데, 그의 글 〈혐오감의 지혜(The Wisdom of Repugnance)〉(1997)의 제목에서 알 수 있듯, 그는 혐오감이 그 감정을 유발하는 대상이 잘못되었음을 보여주는 충분한 이유가 된다고 주장한다.[1] 신경 약물을 이용해 인간 정신을 향상한다는 것이 인간 본래의 인간다움을 벗어나기 때문에 혐오감이 생기고, 그래서 잘못이라는 것이다.

인간 본래의 인간다움이라는 것이 있는가? 인간의 모습이 과학기술로 인해 조작될 위험성을 경고하는 철학자 프랜시스 후쿠

야마(Francis Fukuyama)는 《포스트휴먼 미래(Our Posthuman Future)》(2002)에서 인간 본래의 특성을 'X 요소(factor X)'라 부른다. 이 X 요소의 정해진 특성이 있는 것일까? 피부색과 같은 우연적 요소들을 걷어내면 인간이 공통적으로 가진 요소는 이성, 감정, 언어, 사회성, 감각, 의식 등등이다. 이런 것들이 인간다움이라는 말은 이상적이고 그럴듯하게 들린다.

그런데 구체적으로 어떤 특성을 인간 본질이라고 하는지는 여전히 모호하다. 색맹이어서 감각 능력이 다른 이들보다 모자란 사람은 이 X 요소를 갖추지 못한 것인가? 자폐증이 있어서 사회성이 떨어진다면 인간으로서 존엄성을 가지기 어려울까? 우리는 인공심장이나 인공해마를 몸 안에 달고 있는 사람을 여전히 '인간'으로 존중한다. 인간의 본질로 여겨지지 않는 인공 장치가 뇌의 몇 퍼센트 이하여야 인간이고, 몇 퍼센트 이상이면 로봇인가? 그 기준을 정할 수나 있을까?

인간은 진화의 과정을 밟아오면서 여타 동물과는 달리 언어능력, 고차원적 의식 같은 복잡한 특성을 발전시켜왔고, 거기에 인간의 가치나 존엄성이 깃든다고들 한다. 그런데 인간은 과연 고정된 본질을 가지고 있을까? 브루스 매즐리시(Bruce Mazlish)가 《네 번째 불연속(The Fourth Discontinuity)》(1993)에서 지적했듯, 우리는 다윈 이전에는 인간이 동물의 일종이라는 생각을 하지 못했다. 또,

프로이트 이전에는 비이성적이고 무의식적인 부분이 인간을 구성하는 큰 요소라는 것을 잘 몰랐다. 거꾸로 생각하면, 신경 약물을 통해서 정신이 향상된 상태가 오히려 우리가 그동안 모르던 인간의 본질적 요소일 가능성도 배제할 수는 없다. 인간의 본질이라고 생각하는 것은 시대에 따라 변할 수밖에 없다.

생물학적 차원에서 보아도 인간의 본질은 고정된 것이 없다. 미국의 도덕철학자 데이비드 데그라지아(David DeGrazia)는 《인격 동일성과 생명윤리(Human Identity and Bioethics)》(2005)에서 '나'라는 것을 만드는 고유한 특성은 생물학적으로도 존재할 수 없다고 말한다. 우리 몸의 세포는 생성과 소멸을 반복한다. 고대 철학자 헤라클레이토스가 말한 것처럼 "우리는 같은 강에 두 번 들어갈 수 없다." 약을 먹고 난 후의 나는 과거의 내가 아닐 수는 있지만, 과거의 '나'가 '나'의 본래 모습인가? 어제의 모습, 1년 전, 태어난 바로 후의 모습은 나의 본래 모습인가?

인간 정신을 인공적으로 향상할 수 있다면 '진화'는 손쉬워 보인다. 인간은 복잡한 환경과 부딪쳐 질병과 괴로움을 스스로 이겨내는 본성을 가지게 되는데, 그런 절차를 밟지 않고 약물을 복용하거나 신경 칩을 꽂아서 다음 단계로 껑충 올라가니 말이다. 하지만 그런 도움을 받는다고 인간으로서의 존엄성이 덜해지는 걸까? 감정적으로 불안정한 상황에서 롤러코스터를 타듯 오르락 내리락하던 기분이 신경 약물을 먹은 후 안정되고 좋아졌다면 나는 이제 내가 아니고, 인간으로서의 가치가 조금 떨어진다고 해야 할까?

신경 약물로 정신을 향상하는 것을 반대하는 이들은 인간 정신 자체를 가치 있게 보지 않고 도구로 보게 되리라고 지적한다. 신경 약물로 향상된 정신을 가진 인간들이 활보하게 되면, 그렇지 않은 일반인들은 거꾸로 존엄성 있는 존재로 대우받지 못하지 않을까 하는 우려다. DNA 이중나선 구조를 발견해 노벨상을 받았던 제임스 왓슨(James Watson)은 부모가 아이의 재능을 위해서는 낙태나 유전자 변형도 적극적으로 해야 할 것이라고 주장했다. 그의 주장은 인간의 심리적 능력을 이익 추구를 위한 도구로 여기는 점 때문에 논란이 되었다.

근본적인 질문을 던져보자. 심리 상태나 정신 능력은 무엇 때문에 존재할까? 여러 경험을 하고 그 경험들을 통해 성장하기 위해? 사람들과 좋은 관계를 맺기 위해? 각자의 자아를 실현하기 위해? 일을 잘 수행하기 위해? 인간을 도구적 가치로 보는 것이 정말 문제일까? '정신', '마음'을 인간이 다른 동물과 차별되는 특징으로 꼽는 이유는 인간의 높은 차원의 정신이 동물들과는 비교할 수 없는 문화와 사회를 만들어왔기 때문일 것이다. '정신' 능력으로 가치 있는 일을 할 수 있다면 '도구'로서의 가치가 전적으로 무의미한 것은 아니다.

인간은 과거보다 더 높은 수준의 과학과 문화, 사회 체계를 발전시켜왔고, 이것은 정신적으로도 그만큼 발달했다는 이야기이다. 만약 정치철학자 마이클 샌델(Michael Sandel)처럼 정신 약물로 능력을 향상하는 것이 인간 본연의 일이 아니므로 하지 말자고 한다면, 우리는 구석기, 신석기 시대에 머물러 있었어야 할 것이다. 그러나 우리는 수렵과 채집 활동을 주로 하던 때보다 훨씬 복잡한 환경에 살고 있다. 우리는 직접 소나 돼지를 사냥하지 않고 가게에서 돈을 내고 고기를 구매하며, 길을 가다 빠질 수 있는 구덩이를 걱정하기보다는 교통 상황을 고려해서 빠른 길을 계산한다. 이런 생활에 적응하지 못한다면 삶을 영위하는 것 자체가 어려워진다. 예를 들어 자기가 주차했던 곳을 1시간 넘게 찾지 못할 정도로 기억에 어려움을 가질 때 신경 약물을 사용하거나 뇌에 신경 칩을 꽂는 것은 보청기를 사용하는 것만큼이나 자연스러운 일이다. 보청기나 안경을 사용한다고 해서 인간 본연의 모습을 잃었다거나 인간 정체성에 문제가 생긴다고 하지 않는 것처럼, 인위적으로 신경에 개입한다고 해서 우리 정신이 자율성을 잃는 것도, 인간의 가치가 폄하되는 것도 아니다.

'자연적인 것'과 '인공적인 것'의 구분

캘리포니아 에인절스의 구원투수 도니 무어(Donnie Moore)는 1986년 보스턴 레드삭스와 리그 우승을 다투던 경기의 9회 말 투 아웃 투 스트라이크 상황에서 상대 팀의 홈런을 맞아 다 이긴 챔피언 게임을 진다. 이 경기 이후 무어의 경기 성적은 계속 떨어졌고, 이후 강박관념에 시달리다가 3년 후인 1989년 아내를 총으로 쏘고 자신도 자살한다. 인지심리학자 대니얼 샥터(Daniel Schacter)가 《기억의 일곱 가지 죄악(The Seven Sins of Memory)》(2001)에서 소개한 일화다. 기분이 좋지 않았던 일을 자신도 모르게 자꾸 떠올리게 되어 힘들었던 경험은 누구나 가지고 있을 것이다. 감정적인 일들을 경험할 때나 이 일을 다시 떠올릴 때 아드레날린 같은 스트레스 호르몬이 다량 분비되고, 뇌 영역 중 감정과 밀접한 관련을 가진 편도체 부분이 평상시보다 더 많이 활동한다고 한다.

이 원리를 이용해 아드레날린이 편도체에 영향을 미치는 것을 막도록 만든 약이 있다. 프로프라놀롤(propranolol)이라는 이 약은 올더스 헉슬리의 소설 《멋진 신세계(Brave New World)》에 나오는 쾌락 약물 '소마'를 떠올리게 한다. SF적인 설정의 로맨스 영화 〈이터널 선샤인(Eternal Sunshine of the Spotless Mind)〉에서 연인 관계인 두 주인공은 아픈 기억을 지워주는 회사 '라쿠나'에서 뇌 영상 기술을 통해 서로에 관한 기억을 지운다. 어쩌면 프로프라놀롤이라는 약물이 이런 역할을 대신할 수 있을 것이다. 실제로 외상 후 스트레스 장애를 겪는 환자들에게 이 약물을 투여한 결과, 스트레스를 준 기억을 떠올릴 때도 감정이 훨씬 완화되었다고 한다. 이런 신경 보철(neuroprosthetics)은 인공적이고 인위적이라 하더라도 부득이하게 필요한 것인지도 모른다. 우리는 초원에서 수렵과 채집에 필요한 정보보다 질적으로 양적으로 훨씬 복잡한 차원의 정보를 처리해야 하는 세상에 살고 있다.

바이오 보수주의자인 리언 카스나 위르겐 하버마스(Jürgen Habermas) 그리고 마이클 샌델이 심각하게 우려하는 건 장애가 있는 사람이 좀 더 편리한 생활을 영위할 수 있도록 돕는 정도의 신경 보철이 아니라 별다른 장애 없이 잘 살아가는 일반인이 약물로 자신이나 자신의 아이들을 향상하려 하는 것이다. 나치 시대를 직접 경험한 하버마스는 비장애인의 신경 보철이 신종 우생학(eugenics)* 이 될 가능성을 염려한다. 더 우수한 상태를 지향한다는 점에서 신경 보철을 통한 정신 능력의 향상은 일종의 우생학이라

* 우생학의 제창자 프랜시스 골턴(Francis Galton, 1822~1911)은 선별적 교배 기술로 동식물의 품종을 개량하는 것처럼 최고의 인종을 만들어낼 수 있다고 주장했다. 이는 20세기 미국의 국가 정책으로 사용되었다.

할 수 있다. 그렇다면 자유로운 선택으로서의 우생학을 지지하던 제임스 왓슨이 유전자를 조작하는 것이 '부모의 의무'라고까지 주장한 것은 지나친 것일까? 철학자 하버마스는 우생학적 가치에 따라 신경 약물을 통한 정신 향상이 강제적으로 행해질 수 있으므로 위험하다고 우려한다. 반면, 《윤리적 뇌(The Ethical Brain)》(2005)를 쓴 뇌과학자 마이클 가자니가(Michael Gazzaniga)는 긍정적인 방향으로 신경 보철을 사용할 가능성을 열어놓고 있다. 신경 보철은 자연적인 것의 범주 안에 들어올 수 있을까, 아니면 인간 본래의 자연적인 것을 훼손하는 것일까.

'자연적'인 것과 '인공적'인 것이 무엇일까를 백지상태부터 검토해볼 수 있다. 둘 간의 경계는 무엇일까? '자연적'이라는 것이 '본래 있는 것이고, 인위적으로 만들어내지 않은 것'이라고 해석해보자. 우리는 통상적으로 가공된 패스트푸드보다는 자연 재료를 직접 요리해 먹는 것이 좋고, 자연 조미료가 화학조미료보다 더 좋다고 생각한다. 인공적인 재료는 어디까지나 대체물일 뿐, 자연적인 것의 가치를 그대로 살리기 어렵기 때문이다. 또, 산이나 강을 무턱대고 개발하는 것보다는 지형이나 지질 등 원래의 구조를 고려해 개발할 때 생길 변형을 파악해서 자연적 상태를 보존하는 것이 중요하다고도 생각한다.

그런데 '자연적'이라는 의미를 '과거에 있었고 지금까지 변화

없이 있는 것'으로 해석하면 상황이 조금 달라진다. 예컨대 고문이나 학살처럼, 어느 나라든 좋지 않은 관습이나 악법이 있다. 이런 것들이 예전부터 있던 자연적 상태라고 해서 여전히 지켜야 할 것은 아니다.

이 두 가지 해석을 볼 때 자연적인 것 자체가 가치 있는 것이 아니라, 자연이 부여한 질서나 메커니즘을 변형시켰을 때 다가올 '위험'을 막는 것이 중요하다는 점을 알 수 있다. 우리가 안전하게 삶을 더 잘 누리는 것이 중요하지, '자연'과 '인공'의 구분 자체는 의미가 없다. 아침에 커피를 마셔서 정신 기능을 기민하게 하는 것이나 안경을 착용하는 것, 혹은 성형 수술을 하는 것까지 우리의 삶을 구성하는 대부분은 비자연적인 것이다. 그렇다면 신경 보철로 정신을 향상하는 것은 무엇이 문제일까? 직접적으로 정신의 작용에 인위적으로 개입하기 때문에 문제라는 것일까?

뇌 안에서 뇌 신경세포들을 작동하게 만드는 것이 인지 향상 약물인지, 전자 칩이나 인공해마가 만들어낸 전자 신호인지, 아니면 명상이나 정신 훈련으로 만들어진 신경 상태인지는 구분할 수 없다. 인공지능의 선구자인 허버트 사이먼(Herbert Simon)은 "인간의 지능은 일종의 인공지능이다"라고 말했다. 사실 인공적인 향상은 신경과학 시대에 처음 발생한 일이 아니다. 우리의 정신을 향상해왔던 기호와 언어 들도 우리가 인공적으로 만들어낸 것이다. 우리는 신경 테크놀로지를 통해서 이미 자연지능과 인공지능에 양다리를 걸치고 있는 잡종이다. '자연적인 것'과 '인공적인 것' 두 상태는 각각 '선'과 '악'에 속하는 것도 아니고 서로 모순적이지도 않다.

하버마스가 우려하듯 '자연적'인 것을 강제로 망가뜨리는 '인공적'인 신경 보철이 아닌 한, 신경 보철은 오히려 자연이 부여한 건강하고 정상적인 상태를 복구하거나 사회의 안전을 도모하는 훌륭한 도구가 될 수 있다. 리탈린을 복용해 자연적으로 나올 수 있는 집중력 이상의 정신력을 발휘하는 것이 공정한 경쟁을 해치지 않고 공공에 도움이 될 수도 있다. 장거리 비행을 하는 비행기 조종사는 승객과 비행기의 안전을 무엇보다 최상의 목적으로 지켜야 한다. 이 경우 집중력과 기민함을 지속하게 해주는 신경 보철을 하는 것은 타인의 기회를 박탈하지도 않고, 오히려 필요한 것일지도 모른다.

미국 듀크 대학교의 윤리학자 앨런 뷰캐넌(Allen Buchanan)은 적극적으로 신경 약물 사용을 주장한다. 그는 《인간보다 나은 인간(Better than Human)》(2011)에서 향상이 오히려 일반적인 사람들 사이에 자연적으로 생긴 불평등을 제거해서 정의를 실현하는 데 도움이 된다고 한다. 이런 생각에서 한 걸음 더 나아가 생명윤리학자 존 해리스(John Harris)는 《향상을 통해 진화하기(Enhancing Evolution)》(2010)

의 2장 〈향상은 도덕적 의무다(Enhancement is a Moral Duty)〉에서 이런 정신 향상이 도덕적 의무이며 책임이 될 것이라고까지 쓴다. 보톡스를 맞을 수 있는 자유가 있고 교육받을 권리가 있는 것처럼, 신경 보철 같은 마음 성형을 하는 것은 건강과 복지, 나아가 '인권'의 문제가 될지도 모른다.

신경 약물의 도움은 사랑의 본질을 바꿀까

사랑의 유효기간이 과학적으로 30개월이라느니 영원할 수 있느니 하는 이야기는 세계적으로 자주 거론되는 기삿거리이다. 사랑의 감정은 대뇌에서 나오는 도파민, 아드레날린, 페닐에틸아민, 옥시토신, 엔도르핀 등과 관련 있다고 한다. 그중 도파민은 상대방에게 호감을 느낄 때 분비되는데, 남녀가 만난 지 2년을 전후해서 대뇌에 항체가 생기면 화학물질이 더는 생성되지 않는다. 그렇다면 뇌에서 분비되는 화학물질의 변화에 따라 사랑도 변하는 것이 자연스러운 것 같다.

도파민이 들어 있는 약물을 복용해서 사랑의 감정을 지속시키면 어떨까? 정서 향상 약물이라는 인위적인 방법으로 사랑의 감정을 지속시키느니 사랑의 대상을 바꾸는 게 더 자연스럽다고 반박할 수도 있다. 정서 향상 약물 혹은 사랑 향상 약물이 나온다면 이 약물로 유지하는 사랑의 감정은 왠지 사랑이라고 할 수 없을 것 같기도 하다. 독일 철학자 칸트는 《순수이성비판》에서 인지 활동과 의지에 관해 논하지만, 체계화하기 어려운 사랑과 같은 감정 활동은 구체적으로 다루지 않는다. 감정은 이성과 달리 의지에 의해서가 아니라 저절로 생겨나는 일종의 느낌이고, 따라서 불규칙하기 때문이다. 그런데 정서 향상 약물을 복용하면 사랑도 '의지'로 가능해지는 걸까? 신경기술의 시대에는 사랑을 비롯한 감정이 더는 추리나 생각과 같은 인지 활동과 별개의 것이 아니게 되는 걸까? 하지만 신경화학 물질의 복용으로 사랑을 지속하려는 노력을 가짜 사랑이라고 하기는 어렵다. 원래 사랑하지 않는데 새로이 감정을 만들어내려는 것과 이미 존재하는 관계를 유지하고 강화하려는 노력은 분명히 다르기 때문이다.

약물 없이 노력해서 이어가는 사랑과 화학적으로 향상된 사랑의 가치를 어떻게 비교하고 판단할 수 있을까? 사랑을 가능하게 만든 원인이 어디서 왔든 동일한 결과나 기능을 발휘하게 한다면 문제가 없는 건 아닐까? 미술작품의 감정을 참고해보자. 미술작품의 진위를 가릴 때 중요한 것은 원작이냐 아니냐다. 동일한 색감과 기법으로 그려진 그림이라도 진짜 작품과 가짜 작품이 나뉘는 것은 물감의 종류나 그림의 구조 때문이 아니라 화가 당사자가 그림을 완성해온 자서전적 요소가 개입되느냐의 여부다. 모성애와 같은 사랑에는 어머니가 아이를 향해 쏟아온 '자서전적인 기억과 역사'가 강하게 자리 잡고 있다. 아이와 엄마 사이에 쌓아온 기억과 역사는 추상적인 이야기에 그치지 않고 당사자의 몸과 세포에 스며들어 있다. 반면, 향상 약물에 의한 사랑의 감정은 그런 기반이 없다. 그래서 결과가 동일한 사랑의 느낌이라 하더라도 느낌이 구성된 내러티브(narrative)는 다를 수밖에 없고, 두 경우는 다른 '마음 상태'를 가질 수밖에 없다. 아이에 대한 모성애가 지극했는데 강박증이나 조현병으로 아이를 학대하게 되는 부모가 정서 기능 향상 약물로 사랑의 감정을 회복하는 것이 가짜 사랑이라고 매도하기는 어렵다. 신경 전달 물질만 가지고는 사랑의 감정이 지속될 수 없기 때문이다.

메이저리그 통산 최고 홈런 기록을 가진 배리 본즈나 보디빌더를 했던 아널드 슈워제네거가 기량을 향상하는 데 사용한 스테로이드는 현재 공정성의 문제 때문에 금지되어 있다. 이 윤리적 문제만 제쳐놓고 본다면 심각한 부작용을 가지지 않는다고 알려진 스테로이드제는 신체 능력을 강화해야 성공할 수 있는 이들에게는 꿈의 약물이 아닐 수 없다. 그런데 배리 본즈와 똑같은 양의 스테로이드를 모든 선수가 복용한다고 해서 모두 배리 본즈처럼 될까? 운동선수에게는 신체 능력뿐 아니라 집중력이나 기억력 같은 정신 능력도 중요하다. 골프 황제인 타이거 우즈나 양궁 선수들이 별도로 명상이나 집중력 훈련을 하는 것은 스포츠를 비롯한 모든 작업이 단순히 기술이 아닌 훈련을 필요로 하기 때문이다.

사랑 약물도 마찬가지다. 사랑 감정을 만들어준다는 도파민 알약을 복용해서 호감과 끌림, 신비스러움, 열정이 생겼다고 하자. 열정적으로 사랑을 다시 시작했다 하더라도 관계를 지속하는 데 필요한 기대감, 편안함 등 또 다른 조건들이 충족되지 않는다면 그 감정은 곧 사라질 수 있다. 연애결혼이 반드시 지속적인 사랑을 보장하지 않는다는 것, 결혼식 당일에야 상대의 얼굴을 보는 조선 시대의 결혼에서도 사랑이 싹틀 수 있다는 것은, 사랑의 본질이 정서적 느낌의 재료인 신경화학 물질만이 아니라 사랑하는 당사자들 간의 정서적, 사회적 상호작용에 있다는 것을 보여준다. 영화 〈이터널 선샤인〉의 두 주인공은 서로에 대한 기억을 삭제했다. 하지만 기억을 제거한 후에도 여전히 마음은 남아 있었다. 정서 향상 약물과 사랑에 관해 숙고해볼 만한 성찰이다.

CHAPTER 9

나는 아바타다, 고로 존재한다

"인간……
자연의 극히 일부에 불과한 존재여."
—**지그문트 프로이트, 《문명 속의 불만》**

〈제퍼디〉 퀴즈왕과 빈티지 인공지능

2011년 2월 17일, IBM의 슈퍼컴퓨터 '왓슨(Watson)'은 미국의 유명한 퀴즈 쇼 〈제퍼디(Jeopardy!)〉에서 74연승을 기록하고 퀴즈의 신이라 불리던 켄 제닝스(Ken Jennings)를 제압하며 승리했다. 왓슨은 당시 이미 지식과 상식을 넘어섰다. 그 후 최근 오픈 AI(open AI, 일론 머스크와 샘 올트먼이 공동창업)라는 비영리 인공지능 연구기업에서 만든 인공지능 GPT-3(Generation Pre-trained Transformer 3)는 글을 만들어내는 능력을 넘어서, 원하는 기능과 기본 코드를 제시해 주면 나머지 코드를 완성하여 해당 기능을 가진 앱을 만드는 놀라운 능력을 보여준다.* 이 두 종류의 인공지능은 어떻게 다른가?

먼저, 인공지능 왓슨이 인간이 사용하는 언어로 된 질문들을

* GPT-3는 딥러닝을 이용해 텍스트를 만들어내는 인공지능 모델이다. 오픈 AI가 2020년 6월 11일 베타 버전으로 출시했고, 뉴스 기사나 소설을 만들어내는 것뿐만 아니라 사칙연산, 번역, 자동 코딩을 수행하는 데 사용된다. GPT 1, 2에 이어 제작되었고, 이후 GPT-4가 나올 예정이다.

듣고 신속하게 답을 제시했던 것은 인지과학이 처음 시작된 후 처음 주도권을 잡던 인공지능 학습 전략으로 만들었기 때문이다. 인공지능을 연구한 철학자 리처드 호글랜드(Richard Haugland)는 이 전략을 '유서 깊은 걸작 인공지능(Good old Fashioned Artificial Intelligence, GOFAI)'이라고 이름 붙였다. 이런 전략으로 개발된 빈티지 인공지능 중에는 1997년 체스 경기 세계 챔피언이었던 가리 카스파로프(Garry Kasparov)를 이긴 딥블루(Deep Blue)도 있다. 왓슨은 딥블루보다 더 업그레이드된 통계 학습 방법으로 설계된 인공지능 시스템이다.

왓슨과 딥블루 같은 빈티지 인공지능이 작동하는 방식은 부호주의(symbolism)이다.* 부호주의는 이름에서 알 수 있는 것처럼, 생각을 물리적 부호로 표현한다. 이 부호들은 중앙처리 유닛(Central Processing Unit)에서 만들어지고 특정 규칙에 따라서 계산된다. 이 계산을 통해서 부호들이 조합되면 거의 무한대의 생각이 만들어질 수 있다. 부호주의에 따르면 우리 마음은 부호들을 규칙에 따라 조작하는 정보처리 상태다. 여기서 부호는 우리가 어떤 생각

* 앨런 뉴얼(Allen Newell)과 허버트 사이먼이 대표적으로 제창한 부호주의는 1950년대 중반부터 1980년대 초까지 지배적인 인공지능 패러다임이었다.

을 하거나 추리를 할 때 외부 대상이나 생각을 가리키는 역할을 하는, 마음 속에 있는 이미지나 절차이다. 이것이 인지과학에서 이야기하는 '내적 표상(internal representaion)'이다.•

예를 들어 "사람은 죽는다"라는 명제와 "소크라테스는 사람이다"라는 명제로부터 "소크라테스는 죽는다"를 추론하는 과정은 삼단논법의 규칙에 따라 그 정보가 처리된다. 이 정보처리 과정에서는 사실상 세 명제의 의미나 진위는 상관없이 규칙에 따라 목표하는 결론만 끌어내면 된다. 즉, "A는 B이다", "B는 C이다", "그러므로 A는 C이다"라는 형식적 추론은 이 추론이 적용되는 상황이 어떤 맥락이든, 심지어 A와 B 그리고 C가 전혀 상관이 없어도 된다. 이런 실행 방식을 모형화하면, 다음의 간략한 그림과 같다. 인지 과정을 세부적으로 나누어서 과정 하나하나를 프로그램화하는 것이다.

입력 → | 반응 | 모형화 | 계획 세우기 | 작업 수행 | 동작 제어 | → 출력

• 유턴을 하라는 표지판, '책상', '아름다움', '인간' 같은 개념과 '해가 떠오른다'라는 명제로 표현되는 생각 등 어떤 것을 지시하거나 의미하는 것 모두가 '표상'이다. 지금 설명하고 있는 '표상'이란 단어 또한 표상이다.

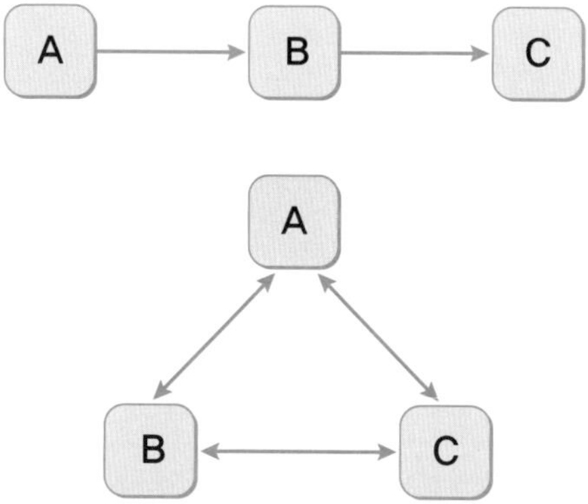

▲ 부호주의 정보처리 모형(위), 연결주의 정보처리 모형(아래)

이런 방식의 정보처리는 인공지능 설계에 전통적으로 사용되던 '분할 정복(Divide and Conquer)' 방법이다. 주어진 문제를 더 작은 하위 문제들로 '나누어서' 그 하위 문제들을 '해결'하는 방법이다. 〈제퍼디〉 퀴즈왕으로 등극한 컴퓨터 왓슨은 이런 빈티지 인공지능의 원리를 응용한 여러 프로그램 중 하나인 전문가 시스템으로 만들어져 있다.

정보를 처리하는 또 다른 방식은 연결주의(connectionism) 모형이다. 최근 오픈 AI에서 만들었다는 언어생성 프로그램 GPT-3가 작동하는 방식이다. 연결주의 모형은 마음이 작동하는 근간인 뇌의 작동 방식과 구조를 참고해서 만들어졌다. 뇌에서는 정보가

한 시점에 특정한 하나의 장소에만 저장되어 있는 것이 아니라 이곳저곳에 동시에 분산되어 저장되어 있다. 연결주의 모형에서는 정보들을 차례대로 처리하지 않고, 동시에 병렬적으로 작동해서 입력된 정보들의 패턴을 찾아낸다.

이 두 방식은 어떤 차이를 만들어낼까? 부호주의 모형에서는 정보를 명제 단위(예컨대 "소크라테스는 사람이다"처럼 주어와 술어로 이루어진 생각의 기본단위)로 처리한다. 그래서 두 문장을 구분하려면 전체 문장의 의미를 대조해야 한다. 연결주의는 이와 다르다. 연결주의 모형에서는 두 문장을 구별할 때 그 의미를 하나하나 대조하지 않고, 정보 표현의 단위인 벡터(vector)* 간의 연결 강도를 대조해본다.

그러면 입력된 정보의 패턴은 어떻게 파악할까? 벡터들로 어떻게 정보가 처리될 수 있는지를 간단히 살펴보자. "영희는 철수를 사랑한다"라는 문장을 나타낸다고 하자. 먼저, 각 글자를 나타낸 다음, 그 글자를 통해 낱말과 문장까지 표상해야 한다. '영희'라는 낱말은 〈f영*r1 + f희*r2〉(영이라는 글자가 첫 번째, 희라는 글자가

---

* 본래 벡터란 크기와 방향을 갖는 물리량을 의미한다. 기계학습에서는 기하학적 공간에서 정보를 표현하는 단위로 사용된다. 예컨대 1은 10000…으로, 2는 01000…으로, 3은 00100…으로, 4는 00010…으로 표현할 수 있는데, 이때 0이나 1이 벡터 값이다.

두 번째에 나온다)로 표상될 수 있다. 이렇게 '영희'라는 낱말 표상이 만들어지면, '영희'는 전체 명제를 표상하기 위한 새로운 단위가 된다. 전체 문장을 표상하려면 〈f영희*r행위자〉와 〈f철수*r피동자〉, 이 두 벡터를 합하면 된다. 벡터 연산 방법이다. 이 방법은 단순한 부분/전체 관계가 아니라 전체 문장의 구조를 반영한다. 그리고 "영희는 철수를 사랑한다"의 표상과 "철수는 영희를 사랑한다" 표상을 구분하게 해준다. 신경철학(neurophilosophy)을 창시한 퍼트리샤 처칠랜드(Patricia Churchland)는 신경 연결망의 내적 표상으로 우리의 생각이 모두 설명될 수 있다고 자신했다.

빈티지 인공지능과 중국어 방 사고실험

인공지능 왓슨이 인간 퀴즈왕을 물리치기는 했지만, 그렇다고 왓슨이 '아주 우수한 인간' 수준에 도달했다고 하기엔 어렵다는 사실을 알게 된 것도 바로 그 퀴즈 쇼에서였다. '미국 도시'라는 퀴즈의 카테고리를 선택했을 때 제시된 문제 중 하나는 "제2차 세계대전에서의 영웅의 이름을 따서 지은 가장 큰 공항이 있는 도시는?"이었다. 인간 퀴즈왕인 켄 제닝스는 '시카고'라고 정답을 말했는데 인공지능 왓슨의 답은 틀렸다. 그냥 틀린 것이 아니라

'토론토'라는, 심지어 다른 나라의 도시 이름을 댔다! 인간 답변자라면 답이 틀리더라도 미국의 다른 도시를 말했을 것이지, 왓슨처럼 맥락을 정확히 파악하지 못하는 실수는 하지 않았을 것이다. 왓슨이 결국 퀴즈의 왕이 되었지만 상황에 '적절한' 판단을 하지는 못했다는 것이 승리의 이면에 숨겨진 모습이다. 인공지능이 인간을 이기고 퀴즈왕이 되었다고 해도 정작 인간의 상식과는 다르게 답변했다는 것이다.

규칙 기반 정보처리 모형인 부호주의에 따라 만들어진 인공지능의 이런 약점은 사실 새로운 건 아니다. 컴퓨터가 상식을 적절히 활용하지 못한다는 사실은 인공지능이 처음 만들어진 이래로 공공연하게 알려져 있었기 때문에 '프레임 문제(frame problem)'라는 이름의 숙제로 남아 있다. 프레임 문제란, 지식이 명확하게 부호로 표현되고 이를 정해진 규칙에 따라 처리한다고 해도 실제로 의미 있는 정보처리가 되기 어렵다는 내용이다. 인공지능에 대한 이런 비판은 철학자 존 설(John Searle)이 "인공지능이 실제로 무언가를 이해하는 것이 아니다"라는 주장을 하면서 그 목소리가 커졌다. 설은 1980년 〈마음, 두뇌 그리고 프로그램(Minds, Brains and Programs)〉이라는 논문에서 이 주장을 내세우며 '중국어 방 논변(Chinese room argument)'이라는 사고실험을 활용한다.[1] 설의 중국어 방 논변은 다음과 같다.

방 안에 영어만 할 줄 아는 사람이 있다. 이 방에는 필기도구와 미리 만들어놓은 중국어 질문 목록과 질문에 대한 대답 목록이 있다. 이 방 안으로 중국어로 된 질문이 들어오면 방 안의 사람은 대답 목록을 보고 질문에 대응하는 답변을 중국어로 써서 바깥으로 내보낸다. 밖에서 보았을 때 답변은 중국인의 답변처럼 보일 정도로 자연스럽다.

이러한 중국어 방을 가정했을 때 이 중국어 방은 중국어를 '이해'한다고 할 수 있는지가 설의 질문이다. 설은 인공지능을 중국어 방에 비유하여 인공지능이 지식이나 상식을 실제로 이해한 것이 아니라는 사실을 보이고자 한 것이다.

설은 중국어 부호를 '처리'하는 구문론(syntax)의 작동이 실제로는 중국어를 '이해'하는 의미론(semantics)을 보장하는 게 아닌 것처럼, 인공지능도 실제로 무언가를 이해하거나 지식을 가진 것이 아니라 다만 그렇게 '흉내 내는' 것일 뿐이라면서 인공적으로 실제 '지능'을 가진다는 생각에 반대 주장을 제시한다. 인공지능 비판으로 유명한 철학자 허버트 드레이퍼스(Hubert Dreyfus)는 한 걸음 더 나아가 《컴퓨터가 할 수 없는 것들(What Computers Can't Do)》에서 컴퓨터는 규칙으로 표현되지 않은 지식을 처리하기 어렵다고 했다.

그런데 이런 비판들은 인공지능이 실전에 약하다고 한 것이지,

인공지능이라는 아이디어 자체를 거부한 건 아니다. 또 앞에서 소개한 부호주의 인공지능과 연결주의 인공지능 중 주로 전자를 대상으로 한 지적들이다. 부호주의 인공지능은 이미 준비된 부호들로 정해진 규칙에 따라 정보를 처리하는 방식이므로, 정해진 규칙을 벗어나는 상황에서는 적절하게 지식을 발휘하기가 어렵다. 변화해가는 상황에 맞는 지식을 파악하는 방법을 컴퓨터가 익힐 수는 없을까?

청소기 룸바의 선조

동그란 모양의 무인 자동 청소기 '룸바(Roomba)'는 벽이나 물건에 부딪치면 다른 방향으로 움직인다. 룸바가 움직이는 원리는 네 가지 종류의 센서를 통해 입력되는 신호를 초당 67번 계산해서 상황을 실시간으로 분석하고 그때그때 다음에 할 행동을 결정하는 것이다. 이라크와 아프가니스탄에 2000대 이상이 배치되었던 군사용 로봇인 팩봇(packbot)이나 무인 화성 탐사에 사용되고 있는 로보넛(Robonaut)도 동일한 원리의 인공지능 설계로 만들어졌다. 룸바의 모습은 인간의 모습과는 거리가 멀지만, 한국 로봇 알버트 휴보나 일본 로봇 아시모 등 인간의 겉모습을 흉내 내 만

◀ 군사용 로봇 팩봇.

▲ 무인 화성 탐사에 사용되는 로보넛.

들어진 '휴머노이드'보다 더 우수한 상황 적응력을 갖추고 있다.

인공지능의 선구자 튜링에게는 실례지만, 우리 마음은 튜링 기계만으로는 그려내기 어렵다. 호주 철학자이면서 소프트웨어 회사의 설립자인 팀 반 겔더(Tim van Gelder)는 1995년 철학 학술지에 게재한 논문 〈만약 계산이 아니라면, 인지는 과연 어떤 것일 수 있는가(What Might Cognition Be, If Not Computation?)〉라는 글에서, 내부의 부호와 같은 표상을 조작해서 작동하는 튜링 기계보다는 표상이 없어도 작동하는 증기기관 원심 조속기(centrifugal governor)가 인간의 인지 활동과 더 비슷하다고 주장한다.[2] 영국에서 산업혁명이 진행되고 있던 1784년 기계기술자 제임스 와트(James Watt)가 발명한 원심 조속기는 산업 발전의 주역이 되었다. 기계를 계속 움직이게 하려면 증기의 압력이 변해도 일정한 힘으로 회전 운동을 하게끔 유지해야 한다. 이것이 가능하려면 증기를 전달하는 파이프의 조절판이 자동으로 열리고 닫혀야 한다. 이를 위해 속도 조절, 속도 차이 계산, 기압 측정 등 필요한 계산을 해서 작동하도록 할 수도 있을 것이다. 이런 방법은 인공지능의 기초 아이디어가 된 튜링 기계가 표상을 처리하는 고전적인 방법이다.

와트는 이런 방법을 쓰지 않고 원심 조속기를 만들어 해결했다. 플라이휠(flywheel) 중앙에 수직축을 달고, 끝에 쇠공을 매단 2개의 팔을 축에 달았다. 플라이휠과 함께 수직축이 회전하면 원심력으로 인해 팔 끝의 쇠공이 바깥으로 운동한다. 두 팔의 운동은 조절판에 직접 연결되어 있어, 플라이휠의 속도가 증가하면 두 팔이 벌어져서 조절판을 닫아 증기의 흐름을 차단한다. 플라이휠의 속도가 감소하여 두 팔이 오므라들면 조절판이 열린다. 증기기관의 왕복운동을 회전운동으로 바꿀 때 나오는 힘을 동력으로 사용해 기계를 움직이는 것이다. 이 방법은 튜링 기계의 작동 방식과 다르다. 조절기의 속도 변화가 조절기의 두 팔 사이의 각도를 자동으로 결정한다. 별도로 속도를 조절하거나 속도의 차이를 계산하는 기계를 달 필요가 없다. 계산해야 할 정보를 따로 입력할 필요도 없고, 조절기를 움직일 규칙이나 알고리즘도 필요 없다.

룸바는 바로 이 원심 조속기가 설계된 방식으로 만들어졌다. 퀴즈왕 컴퓨터 왓슨, 튜링 기계와는 다른 방식이다. 인간 중심적으로 로봇을 움직이기 위해 계산하는 방식이 아니라 '로봇 중심적'인 로봇 만들기이다. 이 방식을 과감히 채택해 직접 로봇 만들기에 적용한 사람은《육체와 기계: 로봇은 어떻게 우리를 변화시킬 것인가(Flesh and Machines: How Robots Will Change Us)》(국내 번역서는《로봇 만들기》)라는 저서로 잘 알려진 로드니 브룩스(Rodney Brooks)다. 브룩스는 〈코끼리는 체스를 두지 못한다(Elephants don't play chess. Robotics and autonomous systems)〉(1990)라는, 이제는 고전이 된 논문에서 부호주의 패러다임을 사용하지 않겠다고 선포한다.[3] 부호주의에 따라 표상과 규칙 체계를 사용하는 것이 오히려 인공지능에게 불리하다는 것이다. 그러면 표상 대신 무엇을 사용해서 로봇을 움직일 수 있을까?

로봇과 확장된 마음

브룩스는 시스템 안에 있는 표상들 대신 외부 '환경' 자체를 사용해서 로봇을 움직이려 한다. 로봇공학자들은 처음에는 이런 생각에 경악하며 불가능할 것이라고 손가락질했다. 로봇이나 인공지능은 애초에 정해진 기능을 수행할 수 있게끔 미리 프로그램된 것이었다. 그런데 어떻게 로봇이 정해진 대로 움직이지 않고 환경에서부터 얻은 정보로 스스로 행동한다는 것일까? 〈제퍼디〉에서 1위를 했던 인공지능 왓슨이나 컴퓨터 체스 프로그램인 딥블루는 우연히 생긴 정보로부터 스스로 배울 수는 없는 '전천후 튜링 기계(universal Turing machine)'의 후손들이다. 그렇다면 기존의 규칙으로 해결할 수 없는 상식들을 처리하고 변화에 대처하는 능력이 어떻게 가능하게 될까?

브룩스가 제작하려는 인공지능 로봇의 정보처리 방식은 마치 인간의 뇌가 외부 환경에 적응하고 배워 성장해나가는 것과 유사하다. 뇌의 발달은 컴퓨터가 수학 계산을 하는 방식과는 다르다. 면역학자였다가 노벨 생리·의학상 수상 이후 신경과학으로 연구 방향을 바꾼 제럴드 에덜먼(Gerald Maurice Edelman)은 뇌 신경세포의 발달과 작동은 뉴런과 뉴런을 연결하는 시냅스만으로 설명하기 어렵다고 했다. 에덜먼은 2004년에 출간한 그의 저서《하늘보다 넓은(Wider than Sky)》(국내 번역서는《뇌는 하늘보다 넓다》)에서 만약 다른 손가락은 사용하지 않고 엄지손가락만 계속 사용하면 손가락과 관련된 뇌 영역의 경계가 크게 변화하며, 이런 변화가 뇌 안에서 정보가 이동하는 모든 차원에서 일어난다고 설명한다. 개인의 경험 차이에 따라 뇌 안의 회로가 다 다르게 만들어진다는 것이다. 이런 특성 때문에 정보는 뇌 안에 있는 것이 아니라 외부로까지 '확장'된다. 이 점에 착안해 로봇을 만들고 마음을 설명하는 방식을 '확장된 마음' 모형이라고 한다.

우리 몸 안의 뇌 신경이 시냅스 간의 정보 계산만이 아니라 외부 세계에서 얻은 경험들로 구성되어 원심 조속기처럼 작동한다면, 로봇도 그런 방식으로 만들지 못하란 법이 있는가? 브룩스는 주변의 비난에 아랑곳하지 않고 자극에 센서가 반응하는 방식(그는 1986년 이러한 설계 방식을 '행위 기반의 포섭 구조subsumption architecture'라고 불렀다)으로 로봇을 만들기 시작했다. 이 처리 방식에 착안해 그가 처음 만든 로봇은 벌레 로봇 아틸라(Attila)다. 이후 그가 학부

▲ 행위 기반 포섭 구조를 적용해 만든 로봇 아틸라.

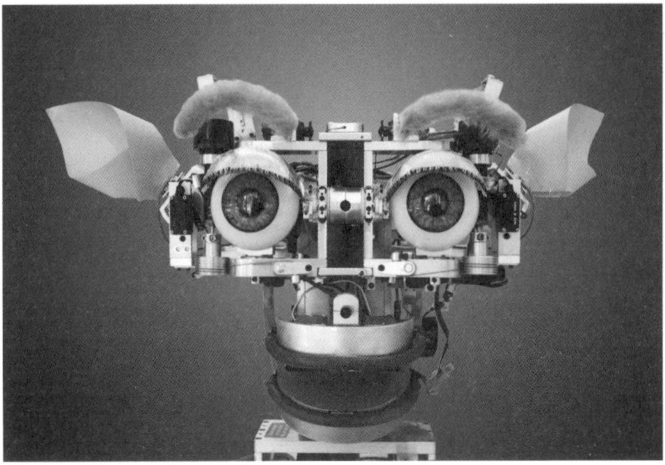

▲ 15개의 센서가 함께 작용해 행동을 제어하는 키스멧.

장으로 있던 MIT 인공지능 랩(AI lab)에서 15개의 센서가 '함께' 작용하여 행동을 제어하는 키스멧(Kismet)이 제작되었다. 이후 학교를 떠난 그는 아이로봇(irobot)이라는 회사를 설립해 탐사 로봇 프로젝트(Micro Rover Project)를 시작했다. 아이로봇은 NASA와 협력하여 1997년 화성에 소저너(Sojourner)라는 이름의 탐사 로봇을 보냈고, 탐사 작업을 수행하게 하는 데 성공했다.

로봇을 이렇게 설계할 수 있다면 인간의 마음도 이렇게 외부 세계로 확장되어 정보를 처리한다고 설명할 수 있을까? 브룩스는 한 시스템 안에서 여러 기능을 담당하는 부분들을 따로 계산하는 기존의 부호주의 정보처리 방식이 아니라, 정보가 입력되면 그 자극에 반응하는 센서들이 병렬적으로 '함께' 시스템을 제어하는 방식으로 정보를 처리하는 로봇을 만들었다. 이 방식은 연결주의의 병렬적 정보처리와 유사해 보인다. 그러나 확장된 마음 모형이 연결주의와 다른 점은 정보의 병렬처리 과정이 외부 환경에서 들어온 입력 및 나가는 출력과 계속 상호 작용한다는 점이다. 어떻게 그렇게 될까?

룸바나 키스멧에 달린 여러 센서는 환경 자극이 주어지면 '대상 피하기'와 같은 아주 단순하고 즉각적인 반응을 한다. 이 반응이 축적되어 룸바가 돌아다니거나 키스멧이 낯선 사람을 처음 만날 때 참고할 데이터로 사용된다. 빈티지 인공지능은 인간이 마련해준 규칙을 따라 움직이는 반면, 확장된 마음 모형으로 움직이는 로봇은 스스로 행동한 것들을 모아서 다음 행동에 반영한다. 그래서 확장된 마음 모형에서는 인간이 당연히 가지고 있으리라 생각되는 '기억'이나 '개념' 같은 표상이 없다. 실제 환경에 직접 부딪혀 반응하고 이것을 참고해서 그다음에 해야 할 행동에 차곡차곡 반영하는 방식은 미리 준비된 지식을 기반으로 퀴즈를 푸는 컴퓨터 왓슨의 방식과는 다르다.

이 역동적인 정보처리 방식은 로봇의 패러다임을 바꿀 뿐 아니라 고대 플라톤 이래로 우리가 가지고 있던 생각을 완전히 뒤바꿔놓는다. 빈티지 인공지능이 흉내 낸 뇌와 몸의 작동방식은 우리의 뇌와 몸 그리고 세계가 구분되어 있다는 '너무나 당연한' 생각을 그대로 반영한다. 우리의 감각기관은 외부 세계로부터 자극을 받아들여서 뇌로 보내는 기능을 하면 맡은 역할을 다한 것으로 여겨졌다. 몸이 보낸 정보를 받을 때까지 가만히 있던 뇌는 정보를 받고 나서야 비로소 그 정보들을 뇌 안의 신경세포들을 매개체로 삼아 계산하는 정보처리를 한다는 식의 이해다. 전통적으로 '뇌'와 '몸'의 역할은 뚜렷이 구분되었고, 뇌는 세계를 반영하는 거울과 같은 것으로 여겨졌다.

확장된 마음으로 마음 치료하기

브룩스가 인공지능 설계에 사용한 방식은 자폐증 어린이의 치료에 도움을 주고 있다. 자폐증 어린이의 인지 발달을 돕는 행동치료에서 일반적으로 사용되어온 방법은 '인간'인 치료사가 대화를 통해서 타인과 공감하고 대화할 수 있는 사회성을 기르도록 돕는 것이었다. 그런데 자극에 반응하고 그 행동을 다음 행동에 참고하는 포섭 구조로 설계된 로봇이 결정된 프로그램을 가지고 접근하는 사람 치료사보다 더 효과적일 수 있다. 인간의 말뿐만 아니라 몸짓을 인지하고 반응하는 로봇 니코(Nico)가 처음 개발된 후 이와 유사한 구조로 만들어진 USC의 로봇 밴디트(Bandit)는 자폐증 어린이의 재활을 돕고 있다.

이것이 가능했던 것은 인간의 마음이 우리 뇌 안에서만 만들어지는 것이 아니라 주변 환경에서 큰 영향을 받는다는 점을 적극 활용했기 때문이다. 이런 생각은 비단 로봇공학이나 인지과학에서만 있었던 것은 아니다. 17세기 철학자 바뤼흐 스피노자는 '몸'이나 '마음'이란 것이 따로 있는 게 아니라 사실은 하나인데, 때에 따라 다른 모양으로 나타나는 것이라 하기도 했다. 스피노자의 생각은 가상현실 공간에서 '나'의 정신이 다른 몸을 빌려 기능할 가능성을 보여준 영화 〈토탈 리콜(Total Recall)〉이나 〈아바타

▲ 자폐증 어린이의 인지 발달을 돕는 로봇 밴디트.

(Avatar)〉의 장면을 예견한 듯하다.

스피노자의 직관을 보면, 마음에 대한 인문학적 이해가 로봇 제작에 새로운 공학적 메커니즘을 시도하도록 한다는 사실을 알 수 있다. 거꾸로 공학적 설계 절차에 관한 고찰이 인문학적 이해의 발전을 돕는다고도 할 수 있을 것이다. 이것이 마음이라는 통합적 주제를 학제적으로 접근하는 인지과학의 작업이다.

후주

CHAPTER 1

1. Jackson, F. 1982. "Epiphenomenal Qualia". *The Philosophical Quarterly* (1950-), 32(127), 127-136.

2. Dannemiller, J. 1998. "Color Constancy and Color Vision during Infancy: Methodological and Empirical Issues". *Perceptual Constancy: Why Things Look as They Do*, Cambridge University Press, 323-351.

3. Neumeyer, C. 1998. "Comparative Aspects of Color Constancy". *Perceptual Constancy: Why Things Look as They Do*, Cambridge University Press, 323-351.

4. Byrne, A. and Hilbert, D. 2003. "Color Realism and Colour Science". *Behavioral and Brain Sciences* 26, 3-64.

CHAPTER 2

1. Levin, D. T. and Simons, D. J. 1997. "Failure to Detect Changes to Attended Objects in Motion Pictures". *Psychonomic Bulletin & Review* 4, 501–506.

2. Simons, D. J. and Chabris, C. F. 1999. "Gorillas in Our Midst: Sustained Inattentional Blindness for Dynamic Events". *Perception* 28(9), 1059-1074.

3. Simons, D. J. and Levin, D. T. 1998. "Failure to Detect Changes to People During a Real-world Interaction". *Psychonomic Bulletin & Review* 5, 644–649.

CHAPTER 3

1. Schulz, L. E. and Sommerville J. 2006. "God Does Not Play Dice: Causal Determinism and Preschoolers' Causal Inferences". *Child Dev.* 77(2), 427-442.

2. Soon, C. and Brass, M. and Heinze, H. J. et al. 2008. "Unconscious Determinants of Free Decisions in the Human Brain". *Nature Neuroscience* 11:5, 543–545.

3. Zimbardo, P. G. 1971. "The Power and Pathology of Imprisonment". *Congressional Record Serial* No. 15, 1971-10-25.

4. Herrmann, C. S. and Pauen M. and Min, B. K, and Busch, N. A. and Rieger, J. W. 2008. "Analysis of a Choice-reaction Task Yields a New Interpretation of Libet's Experiments". *International Journal of Psychophysiology* 67(2), 151-157.

5. Vohs, K. D. and Schooler, J. W. 2008. "The Value of Believing in Free Will". *Psychological Science* 19(1), 49-54.

CHAPTER 4

1. Thomson, J. J. 1976. "Killing, Letting Die, and the Trolley Problem". *The Monist* 59(2), 204-217.

2. Hauser, M. 2007. "A Dissociation Between Moral Judgments and Justifications". *Mind and Language* 22(1), 1-21.

3. 도덕 본능을 언어 본능에 유비해서 설명하는 이로는 스티븐 핑커 외에도 Boniolo. 2006. "The Descent of Instinct and the Ascent of Ethics". *Evolutionary Ethics and Contemporary Biology*(Boniolo and De Anna eds.), Cambridge University Press.

4. Mikhail, J. 2008. "Moral Cognition and Computational Theory". *Moral Psychology: the Neuroscience of Morality: Emotion, Disease, and Development*. MIT Press, 81-92.

5. Nussbaum, M. C. 2009. *Hiding from Humanity: Disgust, Shame, and the Law*. Princeton University Press.

CHAPTER 5

1. Meyer, et al. 2012. "Empathy for the Social Suffering of Friends and Strangers Recruits Distinct Patterns of Brain Activation". *Social Cognitive and Affective Neuroscience* 8(4), 446~454.

CHAPTER 7

1. Raichle, M. E. 2009. "An Introduction to Functional Brain Imaging in the Context of Lie Detection". *Using Imaging to Identify Deceit: Scientific and Ethical Questions*(E. Bizzi, et al. eds.), 3-6.

2. https://www.nytimes.com/2007/11/11/opinion/11freedman.html

CHAPTER 8

1. Kass L. R. 1997. "The Wisdom of Repugnance: Why We Should Ban the Cloning of Humans". *New Repub.* Jun 2;216(22), 17-26.

CHAPTER 9

1. Searle, J. 1980. "Minds, Brains and Programs". *Behavioral and Brain Science* 3, 417-424.

2. Van Gelder, T. 1995. "What Might Cognition be, If not Computation?". *The Journal of Philosophy*, 92(7), 345-381.

3. Brooks, R. A. 1990. "Elephants Don't Play Chess". *Robotics and autonomous systems*, 6(1-2), 3-15.

찾아보기

가

가자니가, 마이클 190
게이지, 피니어스 82
경두개자기자극(TMS) 25, 154
〈계산 기계와 지능〉 19~20, 178, 182
계산주의 22
〈공손추〉 119
공자 124
괴테, 요한 볼프강 폰 37, 44
교도소 실험 89, 127
근전도 검사(EMG) 76
기능적 자기공명영상(fMRI) 25, 78, 150, 154, 165~167, 170

나

《나는 왜 사이보그가 되었는가》 27
내장의 유혹 110
뇌-기계 인터페이스(BMI) 16
뇌 스캔 143~144
뇌 영상 도구 25, 152, 154, 156, 165, 169~172
뇌 영상 탐지기 159~175
뇌 지문 탐지기 152~153, 155
뇌파도(EEG) 25, 76, 151~154
누스바움, 마사 113
니코 216

다

데모크리토스 34, 36~37
데카르트, 르네 37~38, 102, 146, 148
도덕 문법 108~109, 112
도덕 장기 109, 111, 113
도덕적으로 말 막힘 106
드레이퍼스, 허버트 206
딥블루 200

라

레비스트로스, 클로드 121~122
레빈, 대니얼 57~59, 63
레이클, 마커스 144, 166
로보넛 207~208
로크, 존 37, 46~47
〈루앙 성당〉 연작 41~43
룸바 207, 210, 214
리벳, 벤저민 74
리벳의 실험 73~81
리탈린 180~182

마

〈만약 계산이 아니라면, 인지는 과연 어떤 것일 수 있는가〉 209
매직 넘버 세븐 54
맹자 111, 119~120
《멋진 신세계》 188
모네, 클로드 41~44

모라벡, 한스 182
무어, 도니 188
뮐러-라이어 착시 107
밀그램, 스탠리 89

바
바벨, 제이 반 128~131
밴디트 216~217
벡터 203~204
벤험 디스크 47~48
변화맹 56~59, 62~64
보스, 캐슬린 93
《보이지 않는 고릴라》 60
복셀 170
본즈, 배리 179~180, 195
부드러운 결정론 82
부주의맹 60~62
부호주의 200~207, 211, 214
분트의 시계 76
분할 정복 202
브룩스, 로드니 210~216

사
사이먼, 허버트 191, 200, 206
사이먼스, 대니얼 57~63
사이보그 18, 27
《사이코패스 뇌과학자》 173
삼인칭적 접근 146~147
색깔의 동시대비 45
샌델, 마이클 187, 189
설, 존 205
세파오스 144, 167
소저너 214
슐츠, 로라 73
스콜러, 조너선 93
스키너, 버러스 프레더릭 83~89
스테로이드 179~180, 195
스펙트럼 반사율 40~41
스피노자, 바뤼흐 216~217
신경결정론 90, 93
싱어, 피터 114, 152

아
아시모 17, 207
아틸라 213~214
알버트 휴보 207
야코보니, 마르코 167~168
양전자 단층촬영(PET) 173
어려운 문제 74, 155
에덜먼, 제럴드 212
에이어, 줄스 82
X 요소 184
연결주의 22, 24, 202~203, 207, 214
왓슨 199~204, 210~211, 215
워릭, 케빈 27
원심 조속기 209~210, 212
《월든 2》 87
윌슨, 에드워드 109
《윤리적 뇌》 190
인간-컴퓨터 인터페이스 27, 29
인공적 진화 27~29, 179~183
인식 가능한 희생자 효과 134
일인칭적 접근 145~147

자
자기공명영상(MRI) 149, 155

자유의지 18, 71~94
〈자유의지를 믿는 것의 가치〉 93
장자 23~24, 29, 36
잭슨, 프랭크 38~39
전기 충격 실험 89
〈정서적인 강아지와 그 이성적 꼬리〉 105
제닝스, 켄 199, 204
〈제퍼디〉 199, 202, 211
조작적 조건화 86
〈죽이거나, 죽게 두거나, 트롤리 문제〉 98
준비 전위 77, 91~92
중국어 방 204~206
GPT-3 199, 202
짐바르도, 필립 88~89, 127

차
차머스, 데이비드 155
차브리스, 크리스토퍼 60~61
촘스키, 놈 87, 108

카
카스, 리언 113, 183, 189
카스파로프, 가리 200
칵테일 파티 효과 66
칸트, 이마누엘 101, 103, 194
코타르, 쥘 149
클루지 115
키스멧 213~214

타
타인의 마음의 문제 145
탐사 로봇 프로젝트 214
톰프슨, 주디스 97
튜링, 앨런 19~22, 178, 182, 209~210
튜링 기계 209~210
트롤리의 딜레마 97~101

파
파블로프, 이반 84~86
파블로프의 개 84~86
팩봇 207~208
팰론, 제임스 173~174
편도체 129~131, 167~168, 173, 188
폴리그래프 150~153
프레임 문제 205
프로프라놀롤 188~189
플라톤 101, 215

하
하버마스, 위르겐 189~190, 192
하우저, 마크 105, 109
하이트, 조너선 105~107
행위 기반의 포섭 구조 212~213, 216
헉슬리, 올더스 188
혈류 산소 수준 165
〈혐오감의 지혜〉 183
호글랜드, 리처드 200
확장된 마음 26, 28, 211~216
후쿠야마, 프랜시스 183~184
휴머노이드 17, 209
흄, 데이비드 81, 96, 110~111, 124
히틀러, 아돌프 113~114, 122~125, 137

인지과학 실험실

1판 1쇄 발행일 2021년 3월 15일

지은이 김효은

발행인 김학원
발행처 (주)휴머니스트출판그룹
출판등록 제313-2007-000007호(2007년 1월 5일)
주소 (03991) 서울시 마포구 동교로23길 76(연남동)
전화 02-335-4422 **팩스** 02-334-3427
저자·독자 서비스 humanist@humanistbooks.com
홈페이지 www.humanistbooks.com
유튜브 youtube.com/user/humanistma **포스트** post.naver.com/hmcv
페이스북 facebook.com/hmcv2001 **인스타그램** @humanist_insta

편집주간 황서현 **편집** 김해슬 김선경 **디자인** 박진영 박인규 **일러스트** 배지혜
조판 이희수com. **용지** 화인페이퍼 **인쇄** 삼조인쇄 **제본** 정민문화사

ISBN 979-11-6080-613-7 03180